JN070592

■ はじめに

　本著は2007年7月に出版した『職場のいじめとパワハラ防止のヒント』の改訂3版になります。当時はパワー・ハラスメント問題もいまほど一般的ではなく，日本語の関連書も1～2冊あるかないかの時代で，もちろんパワー・ハラスメント防止措置に関する法律もありませんでした。そのため，海外の研究者や被害者が執筆した書物や論文と，筆者自身の臨床心理士・社会保険労務士としての実務経験をベースに，何とか1冊の本をまとめ上げたのが，いまから約13年前のことでした。

　幸い，読者の方々に恵まれ，出版をきっかけに多くの講演や執筆のご依頼や，人事コンサルティングや心理カウンセリング業務のご依頼をいただきました。また，ある読者の方からのご紹介でIAWBH（International Association on Workplace Bullying and Harassment・ハラスメント国際学会）の参加のきっかけをつくっていただいたことは，世界各国の第一人者の先生方との貴重なご縁になったことはもちろん，国際学会での定期的な情報収集と研究発表の機会という，他には代え難い学びの場所を得ることができました。

　今回，新たに改訂3版を出版するにあたり，これまで経験させていただいた相談業務や，講演や研修の際に受講者からいただいた疑問点や感想などに加えて，各国の先生方による研究論文や個別ケースなどの知見はもちろん，その先生方の"フラットで相手を尊重するコミュニケーションのあり方"など，実際の交際を通して学んだ人間関係のあり方なども念頭におきながら筆を進めました。

　そのような意味でも本著は，コンサルティングやカウンセリングの機会を下さった人事担当者や当事者の方々，研修や講演に参加して下さった受講者の皆様，そして国際学会で出会った多くの先生方とのご縁がな

ければ完成しませんでした。この場を借りて，篤く御礼を申し上げます。

　今後ますます，職場のハラスメント防止対策が強化され，働きやすい職場が増え，ハラスメント被害が少しでも減ることを願っています。そのために，本著がほんのわずかでもお役に立てることができましたら幸いです。

2020年7月

涌井　美和子

改訂3版

職場のいじめとパワハラ防止のヒント もくじ

第3章　パワハラ発生…さあ，どうする？

第4章　被害者の復職支援

第7章 国際学会発表論文抜粋バージョン

第8章　資料編

┌─ コラム ─┐

職場のパワー・ハラスメントとは
どのような行為か

働き方改革とハラスメント法整備

　2018年から政府が積極的に推進している「働き方改革」において，"働く人々が個々の事情に応じた多様で柔軟な働き方を自分で選択できるようにするための改革"が進められています。このような改革が本格的に叫ばれるようになった背景の1つとして，少子高齢化による生産年齢人口の減少問題や，働く人々のニーズの多様化などの問題があり，投資やイノベーションによる生産性向上とともに，就業機会の拡大や意欲・能力を存分に発揮できる環境をつくることの必要性などがあげられています。

　この働き方改革の一環として，さまざまな法改正とともに職場のパワー・ハラスメント対策の法制化も推進されることになりました。2018年に厚生労働省から発行された働き方改革に関するリーフレットのなかにおいても，すでにパワハラ対策法制定への方向性は示されていましたが，2019年5月に「労働施策総合推進法の改正案」が国会で承認，同年6月5日に公布され，パワハラ対策の義務化が正式に決定されました。施行日については，公布後1年以内の政令で定める日とされ，具体的には大企業が2020年6月1日，中小企業は2022年4月1日までは努力義務となりました。

　なお，主な内容は下記のとおりとなります。

・職場におけるパワー・ハラスメント防止のために，雇用管理上必要な
　措置を講じることが事業主の義務となり，適切な措置を講じていない

場合には是正指導の対象となった。
・パワー・ハラスメントに関する紛争が生じた場合，調停など個別紛争
　解決援助の申出を行うことができるようになった。
・パワー・ハラスメントは線引きが難しいという観点から，罰則を伴う
　禁止規定については見送られることになった。

　　さらに，この法律の改正と合わせて，男女雇用機会均等法や育児・介
護休業法などの改正も行われました。主な内容としては，1）セクハラ
等の防止に関する国・事業主・労働者の責務が明確化された，2）事業
主にセクハラ等に関して相談した労働者に対して事業主が不利益な取扱
いを行うことが禁止となった，3）事業主は，自社の労働者が他社の労
働者にセクハラを行い，他社が実施する雇用管理上の措置（事実確認
等）への協力を求められた場合にこれに応じるよう努めることとされ
た，4）調停の出頭・意見聴取の対象者が拡大された，などがあげられ
ます。

厚生労働省による
パワー・ハラスメントの定義

　前述のとおり，2019年の6月に労働施策総合推進法が改正され，事業主に対するパワハラ防止対応が義務づけられましたが，具体的な判断基準については，2019年11月20日に厚生労働省・第22回労働政策審議会雇用環境・均等分科会において了承された「職場におけるパワー・ハラスメントに関して事業主が雇用管理上講ずべき措置等についての指針（案）」のなかで示された後，翌2020年の1月15日付けで厚生労働省告示第5号として正式に告知されました。

　以下，具体的な内容をみてみましょう。

■1 パワー・ハラスメントの定義

　パワー・ハラスメントの定義については，以下のとおりとされています。

　職場におけるパワー・ハラスメントは，職場において行われる①優越的な関係を背景とした言動であって，②業務上必要かつ相当な範囲を超えたものにより，③労働者の就業環境が害されるものであり，①から③までの要素を全て満たすものをいう。

　なお，客観的にみて，業務上必要かつ相当な範囲で行われる適正な業務指示や指導については，職場におけるパワー・ハラスメントには該当しない。

※「職場」とは，事業主が雇用する労働者が業務を遂行する場所を指し，当該労働者が通常就業している場所以外の場所であっても，当該労働者が業務を遂行する場所については，「職場」に含まれる。

※「労働者」とは，いわゆる正規雇用労働者のみならず，パートタイム労働者，契約社員等いわゆる非正規雇用労働者を含む事業主が雇用する労働者の全てをいう。

※「優越的な関係を背景とした」言動とは，当該事業主の業務を遂行するに当たって，当該言動を受ける労働者が当該言動の行為者とされる者（以下「行為者」という）に対して抵抗又は拒絶することができない蓋然性が高い関係を背景として行われるものを指し，例えば，以下のもの等が含まれる。

　　・職務上の地位が上位の者による言動
　　・同僚又は部下による言動で，当該言動を行う者が業務上必要な知識や豊富な経験を有しており，当該者の協力を得なければ業務の円滑な遂行を行うことが困難であるもの
　　・同僚又は部下からの集団による行為で，これに抵抗又は拒絶することが困難であるもの

※「業務上必要かつ相当な範囲を超えた」言動とは，社会通念に照らし，当該言動が明らかに当該事業主の業務上必要性がない，又はその態様が相当でないものを指し，例えば，以下のもの等が含まれる。

　　・業務上明らかに必要性のない言動
　　・業務の目的を大きく逸脱した言動
　　・業務を遂行するための手段として不適当な言動
　　・当該行為の回数，行為者の数等，その態様や手段が社会通念に照らして許容される範囲を超える言動

※「労働者の就業環境が害される」とは，当該言動により労働者が身体的又は精神的に苦痛を与えられ，労働者の就業環境が不快なものとなったため，能力の発揮に重大な悪影響が生じる等当該労働者が就業する上で看過できない程度の支障が生じることを指す。

2　パワー・ハラスメントの判断基準

　また，パワー・ハラスメントの種類と個別事案の該当性については，以前より厚生労働省から示されてきた「職場のパワー・ハラスメントの6類型」をベースに，下記のような判断基準が示されました。

---

(1)　身体的な攻撃（暴行・傷害）
　・該当すると考えられる例
　　①殴打，足蹴りを行うこと。
　　②相手に物を投げつけること。
　・該当しないと考えられる例
　　①誤ってぶつかること。
(2)　精神的な攻撃（脅迫・名誉棄損・侮辱・ひどい暴言）
　・該当すると考えられる例
　　①人格を否定するような発言をすること。（例えば，相手の性的指向・性自認に関する侮辱的な発言をすることを含む）
　　②業務の遂行に関する必要以上に長時間にわたる厳しい叱責を繰り返し行うこと。
　　③他の労働者の面前における大声での威圧的な叱責を繰り返し行うこと。
　　④相手の能力を否定し，罵倒するような内容の電子メール等を当該相手を含む複数の労働者宛てに送信すること。
　・該当しないと考えられる例
　　①遅刻など社会的ルールを欠いた言動が見られ，再三注意してもそれが改善されない労働者に対して一定程度強く注意をすること。
　　②その企業の業務の内容や性質等に照らして，重大な問題行動を行った労働者に対して，一定程度強く注意をすること。
(3)　人間関係からの切り離し（隔離・仲間外し・無視）

・該当すると考えられる例

①自身の意に沿わない労働者に対して，仕事を外し，長期間にわたり，別室に隔離したり，自宅研修させたりすること。

②一人の労働者に対して同僚が集団で無視をし，職場で孤立させること。

・該当しないと考えられる例

①新規に採用した労働者を育成するために短期間集中的に別室で研修等の教育を実施すること。

②懲戒規定に基づき処分を受けた労働者に対し，通常の業務に復帰させるために，その前に，一時的に別室で必要な研修を受けさせること。

(4) 過大な要求（業務上明らかに不要なことや遂行不可能なことの強制・仕事の妨害）

・該当すると考えられる例

①長期間にわたる，肉体的苦痛を伴う過酷な環境下での勤務に直接関係のない作業を命ずること。

②新卒採用者に対し，必要な教育を行わないまま到底対応できないレベルの業績目標を課し，達成できなかったことに対し厳しく叱責すること。

③労働者に業務とは関係のない私的な雑用の処理を強制的に行わせること。

・該当しないと考えられる例

①労働者を育成するために現状よりも少し高いレベルの業務を任せること。

②業務の繁忙期に，業務上の必要性から，当該業務の担当者に通常時よりも一定程度多い業務の処理を任せること。

(5) 過小な要求（業務上の合理性なく能力や経験とかけ離れた程度の低い仕事を命じることや仕事を与えないこと）

・該当すると考えられる例

①管理職である労働者を退職させるため，誰でも遂行可能な業務を

行わせること。
　　②気にいらない労働者に対して嫌がらせのために仕事を与えないこ
　　　と。
　・該当しないと考えられる例
　　①労働者の能力に応じて，一定程度業務内容や業務量を軽減するこ
　　　と。
(6)　個の侵害（私的なことに過度に立ち入ること）
　・該当すると考えられる例
　　①労働者を職場外でも継続的に監視したり，私物の写真撮影をした
　　　りすること。
　　②労働者の性的指向・性自認や病歴，不妊治療等の機微な個人情報
　　　について，当該労働者の了解を得ずに他の労働者に暴露するこ
　　　と。
　・該当しないと考えられる例
　　①労働者への配慮を目的として，労働者の家族の状況等についてヒ
　　　アリングを行うこと。
　　②労働者の了解を得て，当該労働者の性的指向・性自認や病歴，不
　　　妊治療等の機微な個人情報について，必要な範囲で人事労務部門
　　　の担当者に伝達し，配慮を促すこと。

　　実際の現場においては，上記の指針に基づいて“パワー・ハラスメン
トか否か”の判断を行うことになりますが，今回の法制化にあたって線
引きの難しさから罰則規定が見送られた経緯に加えて，上記の指針にお
いても「ただし，個別の事案の状況等によって判断が異なる場合もあり
得ること，また，　次の例は限定列挙ではないことに十分留意し，…広
く相談に対応するなど，適切な対応を行うようにすることが必要であ
る」と記載してあるとおり，今後も判断に迷うようなグレーゾーンの事
例が多く発生することが予想されます。
　　そのため，単なるマニュアルとして表層だけを理解して判断するので
はなく，ハラスメント問題の本質について理解を深め，ケース・バイ・

ケースで判断していくことが必要となります。

　そこで，次項ではパワー・ハラスメントの判断基準について理解を深めるために，「行為の内容」「継続性」「パワーの差」「心理」「文脈」の視点から，もう少し詳しく掘り下げて考えてみたいと思います。

さまざまなハラスメント

　時代とともに新しい言葉が生まれるのはどの世界でも同じだと思います
が，ハラスメントの世界も御多分にもれず，さまざまな言葉が生み出され
ています。
　一昔前までは，ハラスメントといってもセクシュアル・ハラスメントや
モラル・ハラスメント，パワー・ハラスメント，アルコール・ハラスメン
ト，ドクター・ハラスメント，アカデミック・ハラスメント，ジェンダー・
ハラスメントなど，両手で収まる程度の種類しか目にしませんでしたが，
いまや「ハラスメント」と名がつく言葉は軽く30を超えるといわれ，さら
に新しい言葉が増え続けているような状況です。
　たとえば，下記のようなものがその一例です。
　・マタニティ・ハラスメント…女性労働者が妊娠もしくは出産したこと
　　　　　を理由に，その女性労働者に対して解雇その他不利益な扱いや嫌
　　　　　がらせをすること。
　・パタニティ・ハラスメント…男性労働者が育児休業を取得，もしくは
　　　　　申請しようとしたことなどを理由に，その男性労働者に対して解
　　　　　雇その他不利益な扱いや嫌がらせをすること。
　・SOGIハラスメント…性的マイノリティの人に対する不利益な扱いや
　　　　　嫌がらせ行為などのこと。
　・テクノロジー・ハラスメント…相手のITに関する知識不足をばかに
　　　　　したり困らせたりするような言動のこと。
　・カスタマー・ハラスメント…消費者による自己中心的で理不尽な要求
　　　　　や，悪質な行為によるハラスメントのこと。
　・ケア・ハラスメント…家族の介護をする人に対して解雇その他不利益
　　　　　な扱いや嫌がらせをすること。
　・エイジ・ハラスメント…年齢に関する不快な言動や嫌がらせ等の行為
　　　　　のこと。
　・シルバー・ハラスメント…高齢者に対して不利益を与えたり，嫌がら
　　　　　せ等をする行為のこと。
　・レイシャル・ハラスメント…国籍や人種を理由とした差別や嫌がらせ
　　　　　行為などのこと。
　・レリジャス・ハラスメント…宗教に関する不快な言動や嫌がらせ等の
　　　　　行為のこと。

・メシ・ハラスメント…相手の意向や体調を無視して無理やり飲食を強
要する行為のこと。
・スモーク・ハラスメント…相手の意向や体調を無視して受動喫煙させ
るような行為のこと。
・カラオケ・ハラスメント…相手の意思を無視して無理やり歌をうたう
よう仕向ける行為のこと。
・スメル・ハラスメント…体臭や香水など臭いに関する嫌がらせやハラ
スメント行為のこと。
・キャンパス・ハラスメント…大学内におけるハラスメント行為のこと。
・終わらせハラスメント…内定を条件に就職活動を終わらせるよう圧力
をかける言動のこと。
・時短ハラスメント…業務量は減らさず勤務時間だけ減らし，時短を強
要する行為のこと。
・エアー・ハラスメント…場の空気を一瞬にして悪化させてしまうよう
な嫌がらせ行為，あるいは相手の希望や体調を無視してエアコン
の風を故意に当てたり，温度を必要以上に上げ下げする行為のこ
と。
・テクスチュアル・ハラスメント…「女々しい文章を書く」「男みたい
な文章だ」など文章に関する嫌がらせや差別的な言動のこと。
・フォト・ハラスメント…本人の許可なく勝手に撮影をしたり，写真を
SNS等にアップロードするような行為のこと。
・ハラスメント・ハラスメント…何かにつけて「ハラスメント」呼ばわ
りして相手を責める言動のこと。
・セカンド・ハラスメント…相談した上司や同僚などから責められた
り，嫌がらせを受けること。

　上記のなかには，メディアの注目を集めるためにあえて目新しい名称で
呼ばれている印象が拭えないものもありますが，言葉を付けることでハラ
スメント行為が少しでも減るのであれば，決して悪いことではないでしょ
う。
　これからも，時代とともに新しい言葉が生み出される可能性はあります
が，共通しているのは「強い立場の者が弱い立場の者を傷つける」という
点だと思いますので，私たち1人ひとりが相手の立場に立って考える習慣
を心がけることが大切といえるでしょう。

パワー・ハラスメント
―判断基準のヒント―

■ 行為の内容

　行為者の言動がパワー・ハラスメントに該当するか否かを判断する場合，前述の判断基準や6類型がベースになりますが，実際の現場ではさまざまなケースが想定され，グレーゾーンの事例も多くなり，それほど簡単ではありません。そのため，可能な限りさまざまな状況を想定し，どのような言動が被害者を追いつめるのか，具体例をあげてみることが必要になります。

　その際に参考になるのが，職場いじめ分野の草分けといわれるハインツ・レイマン（Heinz Leymann）氏の研究でしょう。ハインツ・レイマン氏は，職場いじめ（mobbing）研究の先駆者かつ第一人者といわれた研究者で，その著書のなかで職場いじめを大きく5つの型・45項目の行為に分類しています。

　以下は，レイマン氏による職場いじめの分類例になります。

第1型　自己表現あるいはコミュニケーションに関する衝突
　①上司から意見を述べる機会を制限される。
　②絶えず干渉される。
　③同僚や仕事の協力者から意見を述べる機会を制限される。
　④大声で命令されたり，声高に叱られたりする。

⑤仕事について絶えず非難される。

⑥私生活について絶えず非難される。

⑦電話で脅される。

⑧言葉で脅される。

⑨脅し文句をしたためた文書が送りつけられる。

⑩顔色や仕草を理由に付き合いを避けられる。

⑪当てこすりを通じて付き合いを避けられる。

第2型　社会上の攻撃

①誰とも言葉を交わせなくなる。

②人との付き合いができなくなる。

③隔離された職場に配置される。

④同僚たちが上司から（あなたと）言葉を交わすことを禁止される。

⑤そこにいないかのように扱われる。

第3型　あなたの評判への攻撃

①陰で悪口を言われる。

②根も葉もない噂が流される。

③物笑いの種にされる。

④精神を病んでいるかのように扱われる。

⑤精神鑑定診断を強制的に受けさせられる。

⑥障碍者であることを嘲笑される。

⑦仕草や歩き方，声などをまねて笑いものにされる。

⑧政治信条や宗教上の信条について笑いものにされる。

⑨私生活を笑いものにされる。

⑩国籍について笑いものにされる。

⑪自尊心を傷つけるような仕事を強いられる。

⑫努力を正しく評価されず，悪い蔑んだ判断が下される。

⑬決めたことに対して絶えず疑いの目が向けられる。

⑭蔑むような名前で呼ばれる。

⑮性的当てこすりを受ける。

第4型　職業および私的生活への攻撃

　①特別な仕事をまったく与えてもらえない。

　②上司に仕事を取り上げられ，新しい仕事ももらえない。

　③無意味な仕事を与えられる。

　④能力以下の仕事を与えられる。

　⑤新しい不慣れな仕事ばかりが与えられる。

　⑥自尊心を傷つけるような仕事が与えられる。

　⑦信用失墜を目的に能力以上の仕事が与えられる。

　⑧些細な損害に対して金銭的な負担を負わされる。

　⑨家庭や仕事場に損害を受ける。

第5型　健康への直接攻撃

　①体力的に骨の折れる仕事を強いられる。

　②"身体的暴力が加えられる"という恐怖心を起こされる。

　③軽微な暴力により怯えさせられる。

　④身体的な虐待を受ける。

　⑤あからさまな性的嫌がらせをされる。

　レイマン氏の分類例が発表されてからすでに数十年の月日が流れていますが，色褪せるどころか，まるで現代の日本の職場のような印象を受けるのは筆者だけではないと思います。

　上記の分類例であげられたような言動は，組織文化や文脈にかかわらず被害者を追いつめる可能性が高いため，パワー・ハラスメントに該当する行為と判断してよいのではないかと考えています。

② 継続性

　パワー・ハラスメントか否か判断するにあたり，継続性の有無も重要な判断基準の1つといえます。たとえば，たった1回暴言を吐いてしまったとしても，謝罪したうえで2度と繰り返されることがなければ，

多くの場合，ハラスメント問題に発展することはないでしょう。

　ところが実際の現場では，行為者が自覚なく行き過ぎた指導や叱責を繰り返すなど，労務管理の延長でパワハラ問題に発展するケースが多いでしょう。なかには「自分も厳しい指導のおかげで成長できた。これは正しい指導法だ」などと行為者が勘違いしている場合も珍しくありません。しかも，指導を受ける側は立場上「No」と言えないために，行為者が自分の問題に気づかず行為がエスカレートしてしまうケースも少なくありません。1つひとつの行為が与えるインパクトは大きくなくても，継続的に行われることで大きなダメージを与える場合も多いのです。

　たとえば，次のようなケースを考えてみましょう。

【Aさんのケース】

　Aさんはまじめでおとなしい性格の30代男性でした。あるとき，Aさんの部署で人事異動があり，50代男性のZさんがAさんの直属の上司となりました。

　Zさんは仕事熱心で，異動してきた当初から「部下たちをしっかり教育して業績を上げなければ」と意気込んでいましたが，相当せっかちな性格で，どちらかというとゆっくりペースのAさんを問題視するようになりました。そのため，二言目には「あの件はどうなった。まだ終えていないのか」などと急かすことが多くなっていきました。

　Aさんにとっては，この声がけが大きなプレッシャーになっていましたが，「仕事が遅い自分が悪い」と精一杯頑張っていました。しかし，頑張って焦れば焦るほどペースを崩し，かえって小さなミスを連発して，仕事も遅れがちになってしまいました。

　Zさんは，そんなAさんを見ていらいらを募らせるようになり，だんだん口調も厳しくなっていきました。「Aさんはなんでそんなに仕事が遅いの」「のろまな亀さんタイプは困るなあ」と言うこともありました。

　Aさんは，このようなZさんの言動にますますびくびくするようになり，手に汗をかいたり息が苦しくなるなど，どんどん精神的に追いつめられていきました。そしてあるとき，大きなミスをしたことをきっかけ

に，Ｚさんから「仕事が遅い人間はうちの部署のお荷物にしかならない。どこか他の部署に行ってくれ」とまで言われてしまったのでした。

　Ｚさんの言動は，１つひとつは大きなダメージを与えるとは言い難いものでしたが，時間の経過とともにＡさんに与えるストレスが大きくなっていることが理解できると思います。

　海外のある職場いじめ研究においても，管理監督者や同僚からの日常的な言動がいじめに発展するケース等については，次の４つの段階を経ていく場合が少なくなく，さらに段階を追うごとに被害者のダメージも大きくなっていく傾向がある，と述べられています（シャーロット・レイナー〈Charlotte Rayner〉氏らの研究による）。

①心理的なプレッシャーのレベル
②心理的なハラスメントのレベル
③情緒的な虐待のレベル
④ひどいいじめのレベル

　また，職場いじめ研究の先駆者の１人であり自身も被害者でもあったイギリスのティム・フィールド（Tim Field）氏によれば，職場いじめ（bullying）のプロセスは次の２つの段階に分けることができるそうです。

①服従と支配の段階
　加害者が支配・従属関係をつくり，個人の決定権や自尊心を否定するため，被害者は加害者の前に屈服せざるを得なくなっていく段階。
②破壊と抹殺の段階
　被害者を意のままに支配することに限界を感じた加害者が，被害者の存在を抹殺するようになる段階。被害者が"問題に気づき防衛的になったこと"に加害者が気づいたとき，もしくは被害者が反抗気味になったり憤慨したときなどが，この段階に至る引き金になる。

実際のところ，最初はマネジメントの範囲であったものがボタンの掛け違いやコミュニケーションの行き違いにより指導や叱責がエスカレートし，弱い立場のほうがだんだん追いつめられていき，パワー・ハラスメント問題に発展するケースは少なくないと思います。特に，行為者側がだんだん強迫的になって執拗に問題行為を繰り返すようになったり，頻繁にいらだつようになったり，支配的あるいは暴力的になるなど，時間の経過とともに質や内容に変化が見られた場合は，パワー・ハラスメントに該当する可能性が高くなると思います。

　以上のことから，パワー・ハラスメントか否かの判断をする際は，このような時間的経緯についても十分に考慮することが重要になるのです。

③　パワーの差

　問題行動がパワー・ハラスメントに該当するか否かについて判断する際，「両者のパワーの差がどの程度あるか」という点も重要な判断材料の１つになります。

　たとえば，次のようなケースを考えてみましょう。

【Bさんのケース】

　Bさんは，あるコンサルタント事務所に勤務する20代の男性でした。難関といわれる国家資格の取得を目指すため，新卒で入社した会社を3年で退職し，非常勤スタッフとして現在の事務所に入社したのでした。

　そのコンサルタント事務所には，有資格者が多数，在籍していました。最初Bさんは，自信を持ってバリバリ働く諸先輩たちに憧れ，「自分も早く先輩たちのようになりたい」と張り切っていましたが，そのうちの１人から繰り返しばかにされるようになり，だんだん落ち込むことが多くなっていきました。

　Bさんを何かというと見下して，小ばかにするその先輩はY氏という男性でした。Y氏はBさんと同い年でしたが，大学時代に難関資格を取

得していたため，すでに何年もキャリアを築いていました。有名大学を卒業し，頭の回転も速かったＹ氏は，自分よりランクが低い大学を卒業し，異業種から転職してきたＢさんを見下して，単純作業ばかり押し付けたり，「Ｂくんがパシリ役をやってくれるから便利！」などとばかにするのでした。

　Ｂさんは，「Ｙさんに悪意はないんだから」と気にしないよう努めていましたが，試験日が近づくにつれ，Ｙ氏から「試験に落ちるような無能なスタッフはいらないから！」「Ｂくんだったら，５回くらい受けてやっと受かるかもしれないね？」などと言われるようになり，だんだん落ち込みがひどくなっていきました。

　そして，試験当日になるころには，胃腸の調子も体調もボロボロになり，まったく集中できず，試験どころではなくなってしまったのでした。

- -

　一般に，パワー・ハラスメントというと，「上司から部下への言動」というイメージが強いかもしれませんが，同僚間もしくは部下から上司に対するパワー・ハラスメントも決して珍しくありません。パワー・ハラスメントは力が不均衡な関係において生じるため，職位など明確な基準の有無にかかわらずパワーの差が大きい関係であれば，同僚間であってもハラスメント問題が生じる可能性は十分にあるのです。

　そのため，パワー・ハラスメントか否かを判断する際は，年齢や職位，人脈，知識，健康状態，能力，資格の有無，学歴，性別，体格，あるいは性格など，双方の力関係やパワーの不均衡の程度などを総合的に判断することが重要になります。

4　心理

　「パワー・ハラスメントか否か」という判断を難しくする要因の１つに，"人によって受け止め方が異なる"という問題があります。同じ言動であっても不快に感じる人もいれば，特に気にならず許せる人もいるの

　第１章　職場のパワー・ハラスメントとはどのような行為か

で，どうしてもグレーゾーンのケースが生じてしまうのです。そのため，判断に迷う場合は弱い立場の側の視点で考える——もちろん，「弱い立場の側」とは必ずしも職位が下の者とばかりは限りません——ことが重要であるといえます。

　また，当事者同士はまったく気にしていなくても，周囲で見ている人々が不愉快に感じたり，ハラスメントと感じる場合もあります。その場合の判断も難しくなりますが，複数の関係者が「ハラスメントである」と受け止める場合は，そのように判断される可能性が高くなるでしょう。

　なお，行為者の悪意の有無が判断の目安になる場合もあるようですが，パワー・ハラスメントの判断基準においてはあまり重要ではないと考えます。たとえ悪意がなくても，自分自身を省みる姿勢がなく行動を改めることができない行為者は少なくないからです。そのため，行為者の悪意の有無にかかわらず，行為の内容や被害者に対するダメージの大きさなど，さまざまな要因を総合的に考えて判断する必要があります。

5　文脈

　パワー・ハラスメントか否かを判断する場合，文脈の理解は非常に大切です。特にグレーゾーンのケースを判断する場合は文脈，つまり組織の体質や風土・不文律・文化・当事者同士の関係性などを考慮に入れる必要があるのです。

　たとえば，人の命にかかわる1分1秒を争うような仕事であれば，当然ながらミスに対する叱責も厳しくなりがちですから，緊急事態に少々大声で叱責したからといって，すぐに「パワー・ハラスメントだ」と判断することはできないでしょう。

　また，西洋文化のように比較的上下関係がなくフラットな組織と，儒教文化の影響が強いタテ社会の組織では，同じように歳が離れた上司からの言動であってもそのインパクトは異なってくるでしょう。

従業員それぞれが専門職化している職場で，あえて単純な仕事をさせる場合と，メンバーがゼネラリスト化しており，担当業務の線引きがあいまいな職場で単純な仕事をさせる場合では，意味も異なってくるでしょう。

　なお，人事コンサルタント兼カウンセラーとして活躍しているイギリスのポーリンR・ペイトン（Pauline R. Peyton）氏は，職場いじめ（bullying）を下記のように「明白な行為」と「より微妙な行為」という，大きく2つに分けて論じています。

---

(1)　明白な行為
　　①業務遂行の妨害を行う
　　②締切をたびたび変更する
　　③プライバシーを侵害する
　　④孤立させる
　　⑤虐待する
　　⑥皮肉を言う
　　⑦ばかにする
　　⑧事故に見せかけた嫌がらせを行う
　　⑨ITを使った嫌がらせを行う
　　⑩セクシュアル・ハラスメントをする
　　⑪侵入的な行為をする
　　⑫プロとしての信用を傷つける
(2)　より微妙な行為
　　①わざと嘘のスケジュールを入れる
　　②会社の方針のように見せかけたいじめを行う
　　③責任逃れをする
　　④支配的な態度で接する
　　⑤一貫性のない態度で接する
　　⑥仕事を否定する
　　⑦誇りを傷つけるような態度で接する

　　　第1章　職場のパワー・ハラスメントとはどのような行為か

⑧侮蔑的な態度で接する
⑨噂を言いふらす

　文脈の理解が特に重要になるのは，⑵の「より微妙な行為」について判断する場合です。当事者同士の関係性や文脈によっては特に問題にならないケースもあるからです。パワー・ハラスメントの判断基準をマニュアル化できない理由の1つは，この文脈の問題にあるといえます。

線引きの考え方——結論——

パワー・ハラスメントと指導の線引きについては，下記のとおり，厚生労働省より判断基準が出されていますが，結局のところ，白黒をつけることが非常に難しい場合も多く，これまで述べてきたような要因を考慮してケース・バイ・ケースで対応しなければならないと思います。

パワハラと指導の線引き（厚労省の判断基準より）
- ① 優越的な関係に基づいて行われる
- ② 業務の適正な範囲を超えている
- ③ 身体的・精神的な苦痛を与えている

ハラスメントではないもの（厚労省の判断基準より）
- ① 組織のルール維持に必要な注意・叱責
- ② 正当な指示・命令

「法律によって判断基準を明確にするべきだ」という意見もありますが，先進国のなかには法律で明記したため，逆に罰則規定に触れないような行為が増え，ハラスメント問題が陰湿化した例やグレーゾーンのケースもあるそうですので，本当に明確な線引きが必要なのか，またそもそも線引きができるのか，もっと議論が必要であると考えます。

パワー・ハラスメント問題は人と人との葛藤や衝突の問題であり，組織文化や信頼関係も影響を及ぼすうえ，当事者同士の感情が絡む問題でもありますので，むしろ基準がないほうが本質的な解決に繋がるかもしれません。

　さらに，判断基準の明確化とマニュアル化が，被害者側の口を封じる可能性が少しでもあるとするなら，なおさら安易な明確化は避けるべきであると筆者は考えています。

第2章

ハラスメント問題発生の
背景と現状

ハラスメント問題を見る視点

1 昔はパワハラなどなかった？

　「昔はパワー・ハラスメントなどと騒ぐ人はいなかった。いまの人は弱くなった」という意見を耳にすることがあります。本当でしょうか。

　つい最近まで，罵声や厳しい叱責が飛び交う職場は少なくなかったと思います。上司から怒鳴られるのは普通で，頭から水をかけられた，灰皿が飛んできたなどのような例も珍しくなかったのではないでしょうか。それでも多くの人は，「職場とはそういうものだ」とあきらめ，耐えていたのではないかと思います。

　昔の人と比べて，いまの人は精神的に弱くなったのでしょうか。そういう側面もあるかもしれません。親から厳しいしつけを受けてきた若者や子どもたちは減る傾向にあるといわれています。パワー・ハラスメントといえるような厳しい叱責どころか，少し叱っただけでも折れてしまう人が増えたのも事実でしょう。

　しかし，昔の人はみな精神的に強かったかというと，必ずしもそうとはいえないのではないかと筆者は考えています。その証拠に，「だれのおかげで飯が食えていると思っているんだ」などと妻や子どもを怒鳴りつけ，職場のうっぷんを家族にぶつける父親は珍しくなかったでしょう。精神的に強いように見えても，職場で経験した不愉快な感情は心にため込まれて健康を損ねる要因になっていたり，部下や妻・子どもなど“よ

り弱い立場の相手”に発散されたりする例は珍しくなかったはずです。

　単に，より弱い人がうっぷんのはけ口にされてきただけで，ハラスメント問題が表面化していなかっただけ，という部分も大きかったのではないでしょうか。

② ハラスメント問題発生の背景

　ここ数十年の間に，ハラスメントや職場いじめに対する関心が高まり，法整備を始め，さまざまな対策に取り組む国が世界中で増えてきています。西洋諸国では，1990年代から2000年代初頭にかけて徐々に取組みが進められてきましたが，アジアやアフリカなどの国々でも2012～2014年ごろから法律を制定する動きが増えてきているようです。その理由の１つとして，ILOおよびWHOなどの国際機関の活動があげられますが，英語の研究論文やリサーチ等の情報にアクセスする人が増え，関心が高まってきたことも理由の１つにあるでしょう。

　また，関心を持つ人が増えた背景として，経済のグローバル化もあげられますが，国境を超えた経済活動が活発になるにつれ，大資本の影響力がさらに大きくなり，貧富の差がますます開くなど，私たちの生活にも大きな影響を及ぼすようになっています。

　たとえば，大資本が国の議会やマスコミにまで介入し，自分たちに有利な法律をつくったり，情報をコントロールする例も珍しくなくなってきています。持てる者が持たざる者から搾取する社会システムが強化され，富める者がますます富む一方，貧しい者はますます貧しくなる傾向も強くなっています。マスコミが牛耳られてしまっているために，国民に十分知らされないまま大資本に有利な税制度が強化され，税金は上がり，福祉予算は削られ，中産階級が貧困層に落とされるケースも増えています。

　「自己責任」の名の下に強い者が弱い者から搾取し，追いつめていくような社会で，追いつめられた弱者同士でハラスメント問題が頻発する

のも当然ではないでしょうか。

　ハラスメント問題の発生を防ぐためには，単に組織内の問題にのみ焦点を当てるのではなく，私たち1人ひとりがハラスメントを産み出す搾取構造や病んだ社会に真正面から向き合い，変えていこうとする不断の努力が求められると思います。そのうえで，組織と個人それぞれの側面から問題の要因を探り，取り組んでいく必要があると思うのです。

　具体的には，下記のような視点を持ちながら問題を理解していくことが大切であると考えています。

---

① 社会的な側面から
　社会や文化，歴史などの視点からパワー・ハラスメント問題を理解する。
② 企業体質や組織風土の側面から
　企業体質や組織風土などの視点からパワー・ハラスメント問題を理解する。
③ 心理学的な側面から
　行為者，被害者それぞれの個人要因や心理的な視点からパワー・ハラスメント問題を理解する。

　次項では，これら3つの側面について，もう少し掘り下げていきたいと思います。

ハラスメントの発生要因
―3つの側面から―

１ 社会的な側面から

(1) 「強きを助け弱きを挫く」風潮

　第２次世界大戦後，廃墟と化した街を復興させてきた日本人は，物に
あふれた豊かな社会を築き上げるとともに，資産や学歴など目に見える
価値が重視される競争社会をつくり上げてきました。

　バブル崩壊後はリストラの名の下，多くの中高齢男性が解雇されるな
ど，終身雇用制度が大きく崩れ，企業と労働者の間の信頼関係にひびが
入っていきました。2000年代以降は，人件費を削る企業が増え，派遣社
員など雇用が不安定で低賃金の労働者が増えていきました。

　少子高齢化に対応した社会づくりの議論は後回しにされ，根本的な制
度設計の見直しがされないなか，社会保険料や税金など労働者の負担ば
かりが増え，将来に希望を持てないまま，目の前の生活に汲々とする
人々が増え続けています。

　そのため，１つの職場内に派遣社員やパート・アルバイトなど立場や
利害関係がばらばらな雇用形態の労働者が混在するようになり，衝突や
摩擦が起こりやすくなるなど，ハラスメント問題発生リスクの１つと
なっています。

　そして2020年，安定職を得た一部の人々と不安定な職を転々とする
人々との格差がますます開いていたところに，世界規模で起こった新型

コロナウイルス感染症の流行が日本経済に甚大なダメージを与えました。いまや，よほどの資産家でもない限り，だれもが生活の糧を失う不安を抱え，日々生きていくだけで精一杯な状態におかれています。

　このような社会状況を背景に，経済的にも精神的にも余裕がなくなり，視野狭窄や思考狭窄状態に陥っている人が増えていることが，パワー・ハラスメントが横行する要因の1つだと筆者は考えています。要するに，あまりにも余裕がないために，自分の目の前のことしか考えられず，他者への配慮や思いやりの気持ちを失ってしまっているのです。

　一歩，世界に出てみれば実感できると思いますが，日本人は本当にまじめでよく働きます。よく「日本人は生産性が低い」といわれますが，いろいろな国の人の働き方を見る限り，とてもそうは思えません。むしろ，そのようなまじめな日本人の労働力（納めた税金も）が見えないところで搾取されているために，働いても働いても豊かにならず，精神的にも余裕がなくなって，より弱い相手を叩くような心理状態になっているのではないかと思うのです。

　少なくとも，これだけまじめに働く日本人の生活がいつまでも豊かにならないのは，納税制度をはじめとする社会システムにこそ問題があるのではないでしょうか。本来であれば，1人ひとりが社会の問題にもっと関心を持ち，国民の税金で養われている政治家にしっかり仕事をしてもらわなければならないのに，多くの人々は文句を言わないどころか声をあげている人々を白眼視したり，人権を無視した愚策に文句を言う人に「サヨク」などのようなレッテルを貼るありさまです。なかには，「自己責任」の名の下に，頑張りたくても頑張れない人々を攻撃する場合さえあります（※1）。

　いわば「強きを助け弱きを挫く」という感じでしょうか。これぞ，まさにハラスメント加害者に通じる心性であり，このような状態から脱却しない限り，一組織内でマニュアルどおりのハラスメント対策を実践しても，本当の意味で予防できるかどうかは疑問だと思います。

⑵　価値観や意識の世代間ギャップ

　なお，最近になって厳しいしつけを受けずにすぐ折れてしまう若者や，人間関係を築くことが苦手な人が増えてきたといわれています。発達障害と呼ばれるケースが増えていることもハラスメント問題発生の要因の1つかもしれません。

　しかし一方で，戦時中の「上官の指示に口答えせず絶対に従う」という軍隊式の文化が，つい数十年前まで企業のなかにも色濃く残り続けたために，そのような指導方針で育ってきた中高年齢層が時代の変化についていけず，行き過ぎた注意や叱責からパワー・ハラスメント問題に発展するケースも珍しくありません。

　アナログ文化からデジタル文化となり，価値観や意識に関する世代間のギャップが大きい時代になったことも，ハラスメント問題が発生しやすくなった要因の1つといえるでしょう。

（※1）新型コロナの流行をきっかけに社会の問題に気づく人や声をあげる人が増える傾向にあります。自粛要請のため収入が絶たれ，生活が困窮し，国の姿勢に疑問を持つようになった人，在宅勤務になり国会中継を見る機会ができ，政治家の仕事ぶりを目の当たりにした人など，社会の問題に対して真剣に向き合う人が増えています。このような流れは，日本からハラスメントをなくしていくためにも，非常に大きな意味を持っていると思います。

② 　企業体質や組織風土の視点から

　職場のいじめ問題に関する組織的な要因については，欧米等を中心にさまざまな研究が行われています。もちろん文化の違いもありますから，他国の研究をそのままうのみにできない面もありますが，世界的にグローバル化が進んでいる昨今の状況を考えると，むしろ共通する部分のほうが多いのではないかと筆者は考えています。

　たとえば，セラピストで組織コンサルタントでもあるポーリンR・ペ

イトン（Pauline R. Peyton）氏は，職場いじめ（bullying）が発生する可能性がある要因として，次のような項目をあげています。

---

①慢性的な業務量の増加と投入時間の削減が迫られる業績主義
②管理監督者による部下への絶え間ない監視と評価
③従業員に対する業務パフォーマンス向上への極端なプレッシャー
④企業合併
⑤企業再編
⑥個人経営企業
⑦特定の組織手段にしか通用しない言葉が頻繁に使われる（環境）
⑧慢性的な長時間労働
⑨いつも締切に追われている（状況）
⑩古い慣習を維持し続ける（風土）

　また，文化人類学者のノア・ダベンポート（Noa Davenport）氏らは，職場いじめ（mobbing）発生とその存続の原因となりうる組織要因として，次の項目をあげています。

---

①間違った管理
　人的資源を犠牲にした過度の結果志向，非常に階層的な構造，門戸を閉ざす方針，不十分な伝達経路，紛争解決能力の欠如あるいは適切でない紛争管理や苦情処理方法，指導力の欠如，誤った身代わり思想，チームワークの不足あるいは欠如，多様性教育の欠如あるいは効果的ではない多様性教育，など
②ストレスの大きい職場
③単調な業務
　やりがいのない単純な繰返しの多い職場など
④部課長による不信と拒否
⑤道徳に反する行動
　道徳に反する行動を暴露した従業員がいじめのターゲットになる，な

ど

⑥平構造の組織

　野心の強い人が自分の昇進の機会を早める手段としていじめを行う，
など

⑦規模の縮小，構造改革，合併

　さらに，自身の被害者としての経験から，多くの被害者に対してアド
バイスや援助を行っているティム・フィールド（Tim Field）氏は，職
場いじめ（bullying）の発生・存続要因として，次のような項目をあげ
ています（一部抜粋）。

---

①財政状況（絶え間ないコスト削減要求）

②ストレスの増加

③雇用の不安定さ

④絶え間ない変化への要求（プレッシャー）

⑤組織の不確実性（企業合併，企業再編，企業買収，etc…）

⑥慢性的な人手不足

⑦慢性的な長時間労働

⑧雇用形態の多様化（非正規社員の増加）

⑨労働組合の弱体化

⑩性役割の変化

⑪固定化した階層制度

⑫貧弱な対人スキルと未熟な行動

⑬新技術（IT他）の普及

⑭時代遅れの劣悪なマネジメント

　なお，デンマークの製造会社で働く工場労働者186人を対象にしたあ
る研究によると，業務管理やマネジメント・スタイル，役割の明瞭感，
職場の雰囲気や人間関係，仕事の重要性などの面で恵まれていない職場
では，いじめが発生する状況が生じやすいそうです。

③ 心理学的な視点から

　行為者および被害者の性格や被害経験も，ハラスメント発生の重要な要因の１つになることがあります。たとえば，イギリスのスミス，ピーター・K（Smith, Peter K.）氏らによる研究によると，学校時代のいじめ被害経験と職場いじめ被害には明らかな関連性があり，特にいじめの行為者と被害者両方の経験がある人は，職場いじめ被害を受けるリスクが高くなるとされています。

　ほかにも，行為者は他の人たちと比べて被害者である（あるいは被害者であった）割合が高いとした研究もあります。実際に筆者の経験でも，「被害者である（被害者であった）」という自覚の有無にかかわらず，過去に職場でハラスメントを受けた経験があったり，親から暴力的な教育を受けてきた経験を持つ行為者の割合は多い印象があります。

　一方，被害者の特徴については，過去にハラスメント被害経験がある，ねたみ・ひがみの対象になるような優れた面がある，自分を主張するのが苦手である，人と違った面がある，などさまざまな要因があり，一概にはいえないようです。

　なお，日本では特に，同質性を求める職場もまだまだ多く，異質なカルチャーを持つ人がターゲットになるようなハラスメントや職場いじめが多い傾向にあると筆者は考えています。

　異質な者をターゲットにするいじめの代表的なものとして「村八分」がありますが，日本では昔から集団のおきてやならわしに従わない者を除け者にする傾向がありました。現代では，"集団"はムラから学校や職場に変わってきていますが，いまでも地方や町内会によっては独自のルールに従わない者を除け者にするケースがあるようです。

　このような「村八分」文化の名残なのか，あるいは"出る杭を打つ"文化のせいなのかはわかりませんが，他国の人々と比べても日本人は異なる意見の表出を避けようとする傾向が強く，特に政治や宗教など個人

によって意見が分かれやすいテーマについて，話題を避けたがる傾向があるようです。そのため，ひとたび集団のなかで異なる意見を述べたとたん，大勢で一斉に叩いたり，除け者にするような事態が生じやすくなるのでしょう。被害者側が少数派であった場合などは，二次被害どころの話ではなくなります。

　「平穏な空気を乱す者は許さない」とばかりに大勢で叩く例は，実際の人間関係でもネット上でもよく見られる光景ですが，これもハラスメント心性の1つといえるでしょう。

最近の傾向

◼1 統計データから

　日本労働組合総連合会が2019年5月に全国の20〜59歳の有職男女（自ら起業した者や経営者，自営業者などを除く）1,000人を対象にインターネットで行った調査によると，下記のような結果が得られたそうです。

・「職場でハラスメントを受けたことがある」人は全体の38％
・受けたハラスメントの行為類型は「脅迫・名誉棄損・侮辱・ひどい暴言などの精神的な攻撃」が41％
・職場でハラスメントを受けた女性の38％がセクハラ被害者
・上司からのハラスメントで多いのは「脅迫・名誉棄損・侮辱・ひどい暴言などの精神的な攻撃」
・同僚からのハラスメントで多いのは「隔離・仲間外し・無視などの人間関係からの切り離し」
・取引先からのハラスメントで多いのは「セクシュアル・ハラスメント」
・ハラスメントを受けた人の44％が「誰にも相談しなかった」。その最多の理由は「相談しても無駄だと思ったから」
・ハラスメントを受けた人の54％が「仕事のやる気喪失」，22％が「心身不調」，19％が「退職・転職」
・ハラスメントを受けた20代の3割近くが離職を選択

・就職活動中にセクシュアル・ハラスメントは「受けたことがある」が
10.5％

　また，東京都労働相談情報センターの「平成30年東京都の労働相談の状況」に関する報告書によると，「職場の嫌がらせ」（9,631項目）が相談内容の最多項目となっており，以下，「退職」9,333項目，「労働契約」8,037項目，「解雇」5,883項目，「賃金不払」4,935項目となっています。

　さらに，厚生労働省「平成30年度過労死等の労災補償状況」（2019年6月28日発表）によると，「精神障害に関する事案の労災補償状況」のうち「出来事別の支給決定件数」については，「仕事内容・仕事量の（大きな）変化を生じさせる出来事があった」と「（ひどい）嫌がらせ，いじめ，又は暴行を受けた」69件，「悲惨な事故や災害の体験，目撃をした」56件の順に多くなっています。

　以上のように，最近の統計データからも，ハラスメント問題はどこでも起こりうる非常に身近な問題であり，実際に多くの人が悩みを抱えている非常に深刻な問題の1つであることが理解できると思います。

2　裁判例から

　ハラスメント問題に詳しい弁護士や法律の専門家（※2）によりますと，最近のハラスメント関連の裁判には大きく2つの傾向が見られるといいます。具体的には，加害者が厳しすぎる懲戒処分を争う裁判，いわゆるファイトバックケースの増加と，違法性の判定が困難になっているケースの増加です。

　上記の専門家によると，ファイトバックの例として，複数の事由に関する懲戒解雇に対して加害者が雇用主を訴えたケース（河野臨牀医学研究所事件　東京地判平23.7.26労働判例1037号59頁），雇用主が行ったけん責処分と減給処分に対して加害者が無効を訴えたケース（エヌ・ティ・ティ・ネオメイトなど事件　大阪地判平24.5.25労働判例1057号78

頁）などがあげられています。また，違法性の判定が困難になっている裁判例として，職場復帰者に対する過度の叱責が争われたケース（Ｕ銀行〈パワハラ〉事件　岡山地判平24.4.19労働判例1051号28頁），留守電に残された暴言の不法行為が争われたケース（ザ・ウィンザー・ホテルズインターナショナル〈自然退職〉事件　東京高判平25.2.27労働判例

 コラム　コロナ・ハラスメント

　新型コロナ感染症の流行に伴い，新たな言葉が生まれました。それがコロナ・ハラスメントです。

　コロナ・ハラスメントとは，コロナの既往歴がある人やその疑いのある人，発症リスクがある人に対して"バイキン"扱いしたり，差別的な扱いをする行為のことを意味するそうです。職場内だけでなく，エッセンシャルワーカー，つまり看護師などの医療業務従事者や，保育士，介護スタッフ，コンビニエンスストアやドラッグストア等の店員，公共交通機関の運転手，運送業のドライバーなど，社会生活を支える仕事に従事している人々に対して，理不尽な理由で一方的に怒鳴りつけたり，差別的な対応をしたり，侮辱的な言葉を投げつけたりする例もあります。

　ひどいケースになると，彼らの子どもまで差別されて登校等を拒否されたり，雇用主から解雇されたり，家に石を投げられたりするそうです。そうなると，ハラスメント云々どころではなく人権侵害あるいは犯罪行為に該当する可能性が高くなるでしょう。

　非常に残念なことですが，人間はときに問題の原因をつくった大きな相手を責めず，身近な弱い相手を人身御供にしてうっぷんを晴らしたり，被害者同士で非難し合ったりすることがあります。

　たとえば，第二次世界大戦中も大勢の人々が不満や不安を抱えていながら，戦争を続ける権力者たちを責めず，反戦を訴えた人のほうを監視し「非国民」と非難しました。現代の日本においても，諸外国のような政府

1072号 5 頁）などがあげられています。

（※ 2）吉川英一郎（編著）

大橋さゆり／定岡由紀子／白石多津子／染川智子／辰巳真司／メス
テッキー涼子（著）

『判例で理解する職場・学校のセクハラ・パワハラ』（文眞堂, 2016年）

からの迅速な対応や保障がないばかりに，生活のためにやむを得ず商売を
続けた飲食店に対して，"自粛警察"と呼ばれる人たちが嫌がらせをした
ケースがありました。

「ハラスメント行為とは，強い立場にいる"弱い"人間がする言動であ
る」。コロナ・ハラスメントについても，まさにこの言葉が当てはまると
いえるでしょう。特効薬やワクチンがない状況で感染の不安を抱くのは，
十分理解できることです。しかし，その不安の大きな原因をつくったのは，
海外からの旅行者を歓迎して初期の水際対応を怠り，全国に感染を広げ，
PCR検査を抑制して水面下の感染者を増やし，十分な収入補償をせず外で
働かざるを得ない状況に追い込んだ側にこそあり，感染リスクに晒される
個々のエッセンシャルワーカーたちは，むしろ被害者なのです。

未曾有の状況におかれた人々が不安や不満を感じるのは正常な反応です
から，その感情まで抑え込む必要はないと思います。しかし，その不安や
不満をハラスメントという歪んだ形で弱者にぶつけてはなりません。弱者
にぶつけてうっぷんを晴らすのではなく，そのような状況をつくった側に
こそ目を向け，しっかり責任を果たしてもらうよう伝えていくことが，不
安や不満の適切な消化方法といえるのではないでしょうか。

コロナ・ハラスメントをなくすためには，"自分より強い存在と向き合
うことから目を背け，弱い立場の相手をターゲットにして憂さを晴らそう
とする弱い心"を許さないことが大切なのです。

3. 最近の傾向

ファイトバック裁判が成功した例は，現状ではあまりないようですが，今後もグレーゾーンのケースが増え，組織内はもとより法廷においても判断に時間が必要なケースは増えていくことが予想されます。

③　相談傾向から

　著者は，20数年ほど前から人事労務コンサルタント業務と並行して，働く人のカウンセリング業務を担当していますが，ここ10年ほどの間にパワー・ハラスメントという言葉が一般に広く認知されていくに従い，パワー・ハラスメントに関する相談も増える傾向にあります。

　あくまで弊社における相談者の属性ですが，マネジャー職より一般職や派遣社員／契約社員など一般社員や非正規労働者からの相談が８割以上を占めています。マネジャー層からの相談については，「ハラスメント行為に該当するか否か知りたい」など，自分自身の言動に不安を覚えた人からの相談が中心になっています。

　相談内容については，いわゆる殴る・蹴るなどの身体的な攻撃に類するものはほとんどなく，行き過ぎた指導や叱責などの精神的な攻撃や，能力以上の仕事を不当に押し付けられる過大な要求に該当する行為，休日まで仕事のメールが飛んできて叱責を受けるなど，個の侵害に該当するようなハラスメントが多い傾向にあります。マタニティ・ハラスメントやセクシュアル・ハラスメントに関する相談もありますが，割合としては多くありません。

　また，最近は行為者もしくは被害者の側に発達障害の傾向が疑われる相談例も増える傾向があります。いわゆるコミュニケーションの問題が背景にあるようなケースです。

第3章

パワハラ発生…
さあ，どうする？

9のケースをもとに対応を探る

人事部長ハットリさんのパワハラ退治奮闘記

〜パワハラ退治版「ハチドリのひとしずく」〜

A社でパワハラ問題が発生しました。被害を訴える社員からの相談を受けた人事部長のハットリさんが立ち上がります。

しかし，加害者として訴えられたZ課長は，過ちを認めるどころか，逆に開き直る始末。どちらかといえば古い体質に属するA社にあっては，下の者が上の人間に反論することはタブーとされる雰囲気があり，パワハラ問題の発生は予想されるものだったかもしれません。

Z課長を恐れてなかなか口を開かない部下も多いなか，他にも被害を受けて体調を崩す社員のいることがわかりました。

ハットリさんによる試行錯誤の日々が続きます。さらに，本当に被害を受けたのか疑わしい社員が現れたりもします。

それでも，ハットリさんはくじけません。社内の理解を得るために，毎日，まるで「ハチドリのひとしずく」のように，熱心に，地道に活動を続けていきます。

第3章イラスト　上村典子

本章では，人事部長の奮闘記をもとに，パワハラ発生時の対応を考えていきたいと思います。

　　　　　　　　　　　　　　ハットリさん

【ケース①】

パワハラ退治奮闘記1
・社員からパワハラ問題の相談を受けたとき

　　Ａ社は工業用の機械を製造・販売する社員数約180人の会社でした。商品知識の習得まで時間がかかることもあって，成果主義人事制度を導入しつつも実際は勤続年数が業務遂行能力に反映される，いわゆる年功色の強い職場でした。

　　また，重量のある特殊な機械を扱っていることもあり，男性が製造や営業等の業務を担当する一方，女性は事務や補助業務を担当するなど，性別による分業の傾向が強い会社でもありました。年長者や勤続年数の長い者が後輩の面倒をよくみる反面，下の者が上の人間に反論することはタブーとされるような雰囲気の会社でもありました。

　　そんなＡ社で，あるときパワー・ハラスメント問題が持ち上がりました。部下への厳しい教育と指導で知られるＺ課長の言動に耐え切れなくなった直属の部下数人が，人事部長のもとに思い切って相談に来たのでした。

◆

部下1　　今日はお忙しいところありがとうございます。実は，人事の方々にお話しするべきかどうかずっと迷っていたのですが，やっぱり思い切ってお伝えしたいと思い，お時間を取っていただきました。先日，ここにいる皆とじっくり話す機会があり，Ｚ課長に対して違和感を抱いているのは自分1人ではないと改めて気づき，少し勇気が出たので…

人事部長（ハットリさん）	よろしければ，もう少し詳しく話していただけませんか？
部下1	うまくお伝えできるか自信がないのですが…。あ，今日，私たちがこうしてお伝えしたことは，Z課長には内緒にしていただけたらありがたいのですが…。もしZ課長の耳に入ったら，もっとひどい状況になるような気がして，心配で…
人事部長（ハットリさん）	わかりました。Z課長には決して言わないようにしましょう。社長と人事部内の共有のみとさせていただきます。ただし，内容によっては組織的な対策が必要になります。その場合はまず皆さんにご相談してからアクションを起こしたいと思いますが，よろしいでしょうか。
部下2	ありがとうございます。どうかそのような形でよろしくお願いいたします。
人事部長（ハットリさん）	それでは，どんなことがあったのか，詳しく話してくれませんか？
部下1	はい。実はZ課長が私たちの部署に来てからですので，もう1年くらいになるのですが…。たとえば，少しでも私たちの仕事の進め方が気に入らないと，大声で怒鳴りつけたり，目の前でドアをバタンと閉めたり…。まあ，それくらいなら"よくあること"と思われるかもしれませんが…。
部下2	いらいらが高じると机やパーテーションをドンドンと叩いたり，目の前で書類をバサッと投げつけたりするんです。
人事部長（ハットリさん）	いらいらをぶつけるんですね。
部下1	本当に些細なことでも，私たちがZ課長の望むとおりに動けないといらいらし始めて，「真面目に仕事をする気があるのか」「やる気がないなら辞めてもいいんだぞ」などと言って怒鳴るんです。そういうことがしょっちゅうあるので，最近だんだん神経がまいってきてしまって…。

部下3	実は私も最近，よく眠れなくなってしまって…。Ｚ課長の声を聞くと動悸がするようになってしまったんです…。
人事部長 （ハットリさん）	そうだったんですか…。Ｚ課長はちょっと頑固で昔気質なタイプだと思っていましたが，それほどとは…。
部下2	Ｚ課長は，初めてお会いしたときから「厳しい方だなあ」という印象はあったんですが，最近は少しひどくなってきた感じがします。ここ1年は業務も増えて課全体が忙しくなってきていましたから，余裕がなくなっているせいもあると思うのですが…。
部下3	Ｚ課長が納得するような仕事ができない私にも問題はあるのですが，課の雰囲気も悪くなってきているので，もう限界のような気がします。
人事部長 （ハットリさん）	わかりました。早急に対策を考えましょう。話してくださってありがとうございました。

◆

　Ｚ課長の部下からパワハラ問題の話を聞いたＡ社の人事部長（ハットリさん）は，想像以上の状況にすっかり驚いてしまいました。頑固で気性の強いＺ課長の性格を知っていた人事部長（ハットリさん）にとって，ある程度予想できた事態でもありましたが，これほどひどくなっているとは思わなかったのです。言われてみればたしかに，Ｚ課長の部署の欠勤率や業務成績など，以前から気になっていた点がありました。

　人事部長（ハットリさん）は，パワー・ハラスメント問題のサインに気づかず，対応が遅れたことを深く反省し，さっそく改善策の検討を始めました。

1 パワー・ハラスメントの影響

　組織内でパワー・ハラスメント問題が発生すると，被害者個人へのダメージはもちろん，組織にも大きなダメージを与えます。

　たとえば，以下のような影響です。

- ・業務パフォーマンスの低下やメンタルヘルスの悪化
- ・社内のコミュニケーションやチームワークの悪化
- ・モチベーションやモラール，忠誠心などの低下
- ・欠勤者や休職者の増加
- ・労災事故発生リスクの増加
- ・サービスの低下や製品等の品質低下
- ・有能な人材の流出や早期退職者の増加
- ・業績の悪化や会社評価の低下
- ・信用の失墜等による採用コストの増大
- ・企業評価や信用力の低下
- ・労使トラブルの増加
- ・賠償費用や裁判費用の発生

　職場いじめやパワー・ハラスメントが原因で自殺したために，裁判になった事例は少なくありません。たとえ，そこまで深刻な事態にならなかったとしても，被害者の職業生活や被害者を支える家族の生活にも大きな影響を与える可能性があります。

　もし問題が起こったら，悪影響を最小限にとどめるためにも，速やかに対処する必要があります。

図1 相談・苦情への対応の流れの例

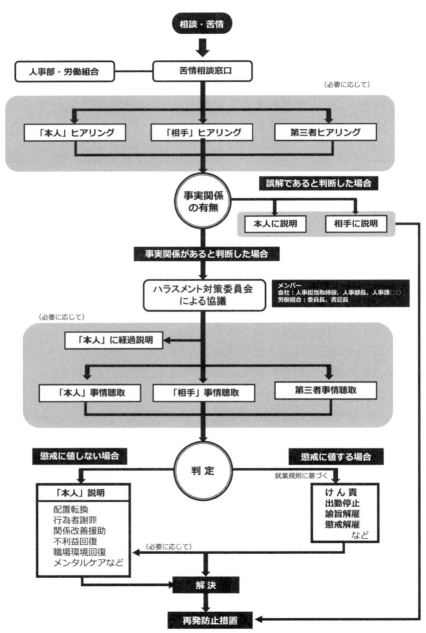

図2　ハラスメント問題が発生した後の対応の流れ

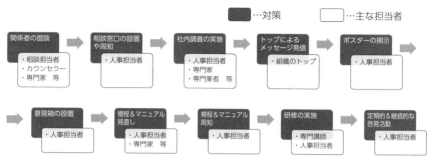

2　対応方法と予防策の概要

　ハラスメント問題が発生した際の相談対応の流れについては，**図1**のようになると思います。また，その後の対応の流れについては，ケースや組織によって前後する可能性はありますが，おおむね**図2**のようなイメージになるでしょう。

　なかでも，被害者に対する適切なフォローは最優先にする必要があります。特に，メンタルヘルスが悪化しているような場合は，ハラスメント問題に理解のある精神科医や専門のカウンセラーなどと連携して迅速に行いましょう。

　組織のハラスメントや職場いじめは行為者と被害者だけの問題ではなく，組織全体の問題です。たとえば，フィンランドのある研究によると，被害者はもちろん他のメンバーたちにもストレス症状が見られたということですので，関係者のフォローも忘れずに行い，組織対策を早急に進めることが重要といえます。

3 問題発生のサインに気づく

　ハラスメントの問題は，人が集まるところであれば，どのような組織であっても発生する可能性があります。問題が大きくなる前に気づくことができれば，被害者へのダメージも，組織へのダメージも最小限に抑えることができるはずです。

　以下に，ハラスメント問題発生のサインについて一例をあげてみましたので，参考にしてみてください。

(1)　パワハラ問題発生のサイン
①特定の人にだけ悪い評判が立つ／特定の人にだけ非難が集中している

　特別な理由がないにもかかわらず，特定の人にだけ非難が集中する場合は，ハラスメント行為者によって嫌がらせを受けていたり，印象操作をされている可能性もあるでしょう。

　故意に責任をなすりつけたり，悪い噂を流すのはハラスメントの典型例です。現場からの報告や噂をそのままうのみにするのではなく，不自然さや疑問を感じた場合は，客観的な情報の収集に努めましょう。

②業務パフォーマンスが急に低下した

　特に問題がなかった人や有能だと思われていた人が，急にミスを連発するようになったなど業務パフォーマンスの低下が目立つ場合は，メンタルヘルスの悪化もしくはハラスメント被害を受けている可能性も考える必要があるでしょう。できるだけ早めに面談の機会を設定し，本人に確認するようにしましょう。

③スタッフの流出が続いている

　前述のとおり，パワー・ハラスメントは直接の被害者だけでなく周囲の関係者にも悪影響を与えます。はっきりしない理由によるスタッフの退職が続いているなど定着率が悪化しているようであれば，要注意です。早めに調査をする必要があるでしょう。

④病気で欠勤する社員が増えている

　欠勤率や休職率の上昇もハラスメント問題発生のサインである可能性があります。特に問題のなかった社員が，急に遅刻や欠勤を繰り返すようになっていたり，メンタルヘルス悪化を理由とする休職者が続いているようであれば，要注意です。

(2)　大きな組織変更があったとき

　なお，企業の吸収合併や部署の縮小閉鎖など組織の体制が大きく変化した際に，ハラスメント問題が浮上してくる例も珍しくありません。その背景には，それぞれ異なった組織のなかで働いてきた従業員同士が一緒に働くようになったために生じる摩擦や，組織文化の違いによって生じる誤解や対立，コミュニケーション不足などの問題があります。

　人間が新しい環境に順応するにはある程度の時間が必要です。大きな組織変更があったときなどは特に，コミュニケーションの問題や環境の変化がメンタルヘルス悪化やパワー・ハラスメント発生の誘因にならないよう，注意しておく必要があるでしょう。

人事部長（ハットリさん）のひとしずく①パワハラが発生したときのために

日ごろからハラスメント発生のサインに注意して，もし問題が起こったら早急に対応する。

【ケース②】

パワハラ退治奮闘記2
・被害者対応で注意すべき点

　　パワー・ハラスメント問題が発生したＡ社にとって，Ｚ課長の部下たちに対するフォローは早急かつ重要な課題でした。しかし，個別面接で本人の話を聞こうとしても，Ｚ課長の耳に入ることを恐れてなかなか口を開かない部下も少なくありませんでした。

　　特に，心身の不調が疑われる社員ほど，固く口を閉ざしていることが何より気がかりでした。そのなかには，週明けになると遅刻を繰り返す20代後半の男性社員Ｔさんもいました。

　　Ｔさんは入社以来ずっとコツコツ頑張ってきたまじめな青年で，Ａ社にとって大事な従業員の１人でした。そのＴさんが，Ｚ課長が部署に異動してきてからというもの，みるみる元気がなくなり，遅刻や欠勤を繰り返すようになっていたのでした。

人事担当　気になる方には声をおかけしているのですが，少しお話をうかがってもよろしいでしょうか。

Ｔさん　ご心配をおかけして申し訳ございません。早く体調を整えて，これ以上ご迷惑をおかけしないよう気をつけます。

人事担当　もちろん，早く元気になってほしいと思っているのですが，そのためにも，職場環境のことで改善できることがあれば早急に対応したいと思っているのです。何か困っていることや気になっていることはありませんか？

Ｔさん　いえ，大丈夫です。

人事担当　Ｔさんのプライバシーは守りますので，よろしければどんな小さなことでもよいので話していただけないでしょうか…？　同じ部署の人たちにはもちろん，上司のＺ課長にも絶対に言いませんので…。

メンタルヘルス不調のサインには個人差がありますが，以前と比べて体調や行動に変化が見られる場合は要注意でしょう。気づいたら早めに声をかけるなど早期対応に努めるべきですが，本人があまり話をしたくない気分のときに無理に聞き出すのは，避けたほうがよいと思います。心配していることを伝え，日を改めたり場所や対応者を変えるなど，本人が安心して話ができる環境を整えてみてはいかがでしょう。

　なお，ハラスメントを受けている人のなかには，メンタルヘルス不調が原因で集中力や注意力が落ちるため，仕事のミスを連発したり，私生活においてケガや交通事故に遭いやすくなるケースもありますので，留意しましょう。

⑵　パニック症状

　もともと健康で何の問題もなかったにもかかわらず，ハラスメント行為者からの暴言や叱責が原因でパニック症状が始まる被害者も珍しくありません。たとえば，下記のような症状がその一例です。

　もし，ハラスメント被害者がこのような症状を訴える場合は，早急に専門医へ繋ぐ必要があるでしょう。

・胸が苦しくなる／動悸がする

・暑くないのに汗が出る／冷汗が出る

・身体や手足が震える

・息切れや息苦しさを感じる

・理由もなく吐き気に見舞われる

・寒気を感じたり身体が火照ったりする

・理由もなく激しい発作に襲われる

・過呼吸（酸素を取り入れすぎて呼吸困難になること）の発作を起こす

・めまいやふらつきが起こる

・頻繁にトイレに行きたくなる

---

(3) 自殺の可能性

　被害者の自殺のリスクについても，さまざまな研究者が職場いじめとの関連について述べています。たとえば，「ハラスメントを受けた（受けている）ことで希死念慮を抱くようになる被害者は少なくない」「孤立感が強い被害者は自殺のリスクが高くなる」などがその一例です。

　特に，うつ病の症状の１つに「希死念慮」があるため，ハラスメント被害によってうつ病になった結果，自殺のリスクが高くなることは十分考えられます。万一被害者が自殺してしまったら取り返しがつきませんし，企業の責任も問われますので，何としても防ぐ必要があります。その意味でも，日ごろの組織対策と早期発見・早期対応は非常に重要なのです。

　もし，ハラスメント被害者から「死にたい」と打ち明けられたら，本人の気持ちを十分に受け止める必要があるでしょう。「そんなことを考えたらダメだ。もっと頑張れ」などのような励ましは逆効果になりかねないので，避けたほうが賢明だと思います。「誰も自分の苦しみをわかってくれない」と絶望し，かえって自殺の引き金にもなりかねないでしょう。うつ症状のために思考狭窄になっている可能性もあるかもしれませんが，他に選択肢が見つからないほど苦しんでいることを，周囲の人は十分理解する必要があると思います。

　よく，「死ぬ死ぬと言う人に限って死なない」といわれることがありますが，「死にたい」と訴える人のなかには，実際に自殺未遂を繰り返したり，思い切った行動に出ようとする人も少なくないといわれていますので，くれぐれも軽く考えないようにしたいものです。実行に移す人は事前に死への願望を周囲に漏らしているなど，何らかのサインを出していることが多いといわれていますので，注意しましょう。

　なお，重大な事故に繋がりかねない無茶な行動や無謀運転なども，心理的な観点から考えると「間接的な自殺を望んでいる可能性」あるいは「自傷行為」と解釈される場合が少なくありません。心のバランスを失い，他者に対して攻撃的になっているメンタルヘルス不調者が，何かのきっかけでその攻撃性の矛先が自分自身に向かう──"自殺"という自

分自身への攻撃に転化する——場合もありますので，留意が必要です。

⑷　トラウマ反応

　職場のいじめと，PTSD（Post-Traumatic Stress Disorder ＝ 心的外傷後ストレス障害）やトラウマ反応との関係を見た研究は，海外を中心に増加傾向にあるようです。

　PTSDとは，自然災害や人工災害，事故，他人の変死の目撃，戦争やテロリズム，拷問，強姦や他の犯罪の被害者になる，家庭内暴力，性的虐待など，ほとんどの人に大きな脅威や苦悩を引き起こすような，ストレスの多い出来事あるいは状況を体験した被害者の精神的外傷のことをいいます。

　ハラスメント被害の場合，PTSDの診断名がつくようなケースは少数派ですが，トラウマ反応によって日常生活や通常勤務が困難になるケースは珍しくなく，むしろ似たような症状で苦しむ被害者は多いのではないかと思われます。

　なお，トラウマ反応とは一般に次のような症状をいいます（すべての人に同じ症状が見られるわけではなく，個人差があります）。

・再体験症状や悪夢など
・過覚醒症状（過度の緊張や驚愕反応，集中力の低下など）
・解離症状（離人感や非現実感）
・回避行動（出来事を思い出させるような活動や状況，人物を避けるなど）
・感情の麻痺や健忘
・否定的認知（不信感や罪悪感，恥辱感など）
・アルコールや薬物等への依存
・身体的不調や不眠症状
・自傷行為や自殺企図
・抑うつ症状

・不安症状

・パニック症状

　従来は，突発的な事故や事件の被害と心の傷との関連についての研究が中心でしたが，最近では職場のいじめなど継続的な出来事による心への影響に関する研究も増えてきています。

　たとえば，産業心理に関する訓練や会議に参加した165人の専門職の人たちを対象に行われた，あるイギリスの調査研究によりますと，約4割の人が職場いじめを経験し，そのうち10人に1人がPTSDに似た症状を経験したそうです。また，職場いじめの被害者102人を対象とした別の研究でも，PTSDの症状がある人が高率で見られたとされています。

　実際に著者のところへ相談に来られる人のなかにも，「パワー・ハラスメント被害の結果，いつも過剰な警戒状態を続けてしまう」「不眠症状があったり集中力が低下する」「その出来事を突然思い出して呼吸が速くなる」などの症状に悩まされる人がいます。それだけ，心へのダメージが大きく，早期発見・早期対応が必要不可欠といえるのです。

② 対応上の留意点

　前述のとおり，メンタルヘルス不調者対応の基本は早期発見・早期対応ですので，気付いたらできるだけ早めに専門家に繋ぐことが大切です。不適応症状に悩んでいる人であれば，周囲の勧めにより速やかに受診に繋げることができるでしょう。

　しかし，なかには「加害者のほうが問題なのに，被害者である自分が精神障碍者のように扱われるのは嫌だ」「精神科の薬を飲むことに抵抗がある」などのような考えから受診を嫌がる人もいますので，配慮が必要です。

　もし，メンタルヘルス不調者が受診を嫌がる場合は，十分に気持ちを

　　　　　　　　第3章　パワハラ発生…さあ，どうする？

らえる場合もあるでしょうけど，こういう時代なんで"ハラスメント"と受け取る人もいると思うんですよ。

Ｚ課長　本当に面倒くさい時代になりましたよね。そんな弱い人間のたわごとは無視しておけばいいと思いますけどね。

人事部長（ハットリさん）　さすがにそういうわけにはいきませんよ。話の内容によっては何らかの対応をしていかなければなりませんから。

Ｚ課長　会社のためを思って指導している管理職の立場は二の次なんですか。こっちは貴重な時間を割いて育ててやっているのに，パワー・ハラスメントなんて言われた日にはあきれてものが言えません。

◆

　Ｚ課長は，「厳しい指導は部下教育のために必要である」という自分の主張を一歩も譲らず，自分の指導法を振り返ろうとしないばかりか，会社の姿勢に対して不満すら向けてくるありさまでした。

　人事部長（ハットリさん）の本音としては，Ｚ課長に態度を改めてもらうことが目的で，彼を責めるつもりは少しもなかったのですが，話せば話すほどＺ課長は自分の立場や意見を主張し，心を閉ざしていきました。

　人事部長（ハットリさん）は，自分の立場を守ろうと汲々として頑なな態度になっていくＺ課長の様子に，すっかり困り果ててしまいました。

1　行為者のタイプ

　ひとことでハラスメント行為者と言っても，Ｚ課長のような熱血指導者タイプから，ネチネチ意地悪なタイプまでさまざまなケースがありますので，タイプ別に対応策を検討することが解決のヒントに繋がります。

　以下では，行為者のタイプを次の５つのタイプに分けて考えていきたいと思います。

(1) 支配欲が強く，相手が自分の思いどおりに動かないと気がすまないタイプ

1つめは，支配欲が強く，相手が自分の思うとおりに動かないと気がすまないタイプです。通常の人間関係においても，相手を対等な人間として尊重する意識に乏しく，職場でのポジションや社会的地位などわかりやすい指標がないときは自分の優位性を誇示したがるなど，いわゆるパワー・ゲームを好む傾向があります。

このタイプの人にとって，相手は「自分より上か下か」のどちらかに分類され，「下」の人間が力を発揮して自分より優位に立つことは我慢ができません。

また，このタイプは相手の行動だけでなく感情までコントロールしようとする場合があります。相手が，自分が指示したとおりの行動や，予想したとおりの反応をしないと満足しないばかりか，いらいらを募らせ非難したり，攻撃的になったりするのです。

なかには急に優しく接してくるなど，気まぐれな行動が目立つケースもありますが，相手の関心を買ったり持ち上げたりすることも，いわゆる "コントロール" 要求の一部である可能性も考えられますので，ペースに巻き込まれないようにすることが大切です。

(2) 他者への共感性が欠如し，自己愛を満足させるために加害行為を繰り返すタイプ

2つめは，自己愛が強く，他者への思いやりや共感性が欠如しているタイプです。他者，特に自分よりポジションが低い人間は "取るに足らない存在" として扱ったり，自分の利益や満足を得るための手足として利用する傾向があります。

また，ときには退屈しのぎの愉しみとして，あるいは自分の能力を引き立たせる便利な駒として加害行為を繰り返すこともあります。

このタイプは他者への共感性に欠けているので，被害者をどれだけ深く傷つけているか，まったく想像することができません。「世の中の人間は凡人ばかり，それに引き換え自分は非凡で才能豊か」などのような

根拠のない自信に満ち，職場以外の人間関係でも他の人を小ばかにしたり，「こんな簡単な仕事もできないなんて，やっぱり三流大学出は違うね」など，うっすら笑みを浮かべながら皮肉を言う場合もあるでしょう。

⑶　脆弱で不安定な自尊心を守るために部下を攻撃するタイプ

　３つめは，本当は自信がないのに無理に虚勢を張り，脆弱な自尊心を守るために相手を攻撃するタイプです。臆病で，"他者への嫉妬やねたみの感情を抱える弱い自分"に向き合う勇気がなく，弱い立場の相手を攻撃することで自分の弱さから目をそらそうとするのです。

　特に，自分のコンプレックスを刺激するような優秀な部下に対して攻撃する傾向があります。地位や既得権を脅かされる恐怖心から，執拗に攻撃を繰り返すこともあります。自分の未熟さや仕事のミスを隠すために，ターゲットに罪をなすりつけて身を守る場合もあります。ターゲットについてありもしない話をつくり上げて同調者を増やしたり，職場の立場を利用して集団でハラスメント行為に及ぶ場合もあります。

　また，なかには自分の立場が脅かされる恐怖心から被害者に強い憎しみや攻撃心を抱くこともあります。そうなると，被害者が会社を辞めるまでハラスメント行為が続く可能性もあります。

⑷　偏見や偏向が強いタイプ

　４つめは偏見や偏向が強いタイプです。「男性はこうするべきだ」「女性はこういうものだ」「新人は○○すべきだ」「プロフェッショナルなら○○するべきだ」「年長者はこうあるべきだ」などのような偏見や偏向が強く，そのような偏見に基づいた言動で相手を追いつめたり，傷つけたりします。「○○のくせに」などのような差別的な言動が目立つなど，特定の人ばかりをターゲットにする場合もあります。

　セクシュアル・ハラスメントやジェンダー・ハラスメント，マタニティ・ハラスメント，パタニティ・ハラスメント，SOGIハラスメント，エイジ・ハラスメントなどの行為者になるリスクが高いのも，このタイプといえるでしょう。

⑸ こだわりが強く柔軟性に乏しいタイプ

　5つめは，こだわりが強く柔軟性に乏しいタイプです。自己流にこだわり，他の人の意見を受け入れることが苦手で，自分のやり方や考えを押し付ける傾向があります。性格的な要因が大きい場合もありますが，なかには発達障害など先天的な要因が疑われるケースもあります。

　悪意のない人が多いと思いますが，指導や労務管理の延長線上でパワー・ハラスメント問題に発展する可能性が高いケースといえそうです。

⑹ その他のタイプ分け

　以上，主な行為者のタイプを列挙してみましたが，ここであげたタイプのほかにもさまざまなタイプがあると思いますし，2つ以上の特徴が混在している場合もあると思います。

　たとえば，前述のティム・フィールド（Tim Field）氏は，行為者の傾向として"短絡思考""横柄""不誠実""何でも知っているような態度を取る""エゴイスト""えこひいきする""人の話が聴けない""意気地なし"などの特徴をあげています。

　また，米国の職場いじめ研究者の1人であるノア・ダベンポート（Noa Davenport）氏らも，行為者の特徴として"よこしまな性格""脅迫観念に基づく利己主義""慢心した自己評価""自己陶酔的な性格"などをあげています。

　このように，ひとことで行為者のタイプと言っても，切り口によってさまざまな側面が見えてくるのですが，まずは行為者をタイプ別に分類して特徴を理解することは，アプローチの方向性や対応法を検討する際の大きなヒントになると考えています。

2 対応のポイント

　加害行為を頭ごなしに否定することは，行為者の脆弱な自尊心を脅かし傷つけ，さらなるハラスメント行為の引き金にもなりかねませんの

で，注意が必要です。

　たとえば，他者から問題を指摘されただけで自分を守ることに汲々とする行為者は少なくありませんが，そのようなタイプは自尊心が脆弱で傷つきやすく，攻撃によって自分の心を守ろうとする傾向があるでしょう。相手から何か指摘されると全人格を否定されたように受け取って反撃してきたり，"攻撃は最大の防御"とばかりに相手を否定することで脆弱な自尊心を守ろうとするかもしれません。

　このようなタイプは，「自分も他者も，ありのままでいるだけで十分価値のある存在なのだ。間違ったことをしたら，きちんと反省し謝罪して，次から気を付けることが大切であって，自分が否定されているわけではないのだ」などのように考えることができないのでしょう。ありのままの自分や他者を受け止める精神的な余裕がない，いわゆる"心の器"が育っていないのです。

　そのため，行為者と対峙する担当者は，問題解決と再発防止のために毅然とした対応を意識しつつも，「他者攻撃」という鎧で身を守る脆弱な行為者を脅かすことのないよう，まずは十分に共感し，本人の言い分をきちんと受け止めるよう努めることが大切です。悪者探しをしたり問題行動に白黒つけるのではなく，行為変容の芽を摘み取ることのないよう，行為者が心を閉ざさないよう，受容・共感・自己一致に努めましょう。

人事部長のひとしずく⑥パワハラ行為者からの事情聴取は

ケース・バイ・ケースが基本だが，まずは言い分をよく聴き，追いつめすぎないこと。

パワハラ退治奮闘記７
・判断が難しい場合

　Ａ社にとって，Ｚ課長のパワー・ハラスメント問題解決は緊急の課題でしたが，他の部署も含めた今後の再発防止も無視できない重要な課題でした。

　そこで人事部長（ハットリさん）は，Ｚ課長の問題が一段落したころを見計らって社内調査を実施，あわせて希望者を中心に個別面接の機会を設け，パワー・ハラスメントの有無について確認をすることにしました。

　しかし個別面接が進むにつれ，パワー・ハラスメントに該当するかどうか判断に悩むケースも出てきました。セクシュアル・ハラスメントほど線引きが明確ではないため，当事者同士の意識や信頼関係による影響も大きいことに気がついたのです。Ｚ課長のようにはっきりと目に見えるようなケースはむしろまれで，どちらかというと，当事者間の些細な行き違いや誤解が背景にあるケースが少なくなかったのでした。

　「ハラスメント問題を根絶しよう」と意気込んでいた人事部長（ハットリさん）でしたが，判断基準の難しさにすっかり頭を痛めてしまいました。

白　　　　　　　　黒

線引きは？

1 目に見えにくいハラスメント行為

　身体的な暴力や暴言などのような直接的な攻撃は目に見えますが，遠回しに嫌味を言ったり聞こえないふりをして無視するなど，周囲からは見えにくく客観的な判断が難しいハラスメント行為もあります。チャットを使った攻撃や密室でのハラスメントなど他に目撃者がいない場合，被害者にとって不利な状況になるケースもあります。

　特に，パワー・ハラスメントなどのように明確な線引きが難しい問題の場合は，それぞれの当事者の主観も入りやすく，判断に迷うケースが後を絶ちません。

　ここでは，そのようなケースが発生した場合でも判断が容易になるよう，具体的な例をあげて考えていきたいと思います。

2 判断のヒント

　パワー・ハラスメントに該当するかどうか判断に困った場合は，第1章で検討した判断基準を踏まえながら，以下のような要因や状況を考慮しつつ，総合的に考えていくとよいでしょう。

(1) 行為者側の要因
　・コミュニケーション能力やマネジメント能力が低い。
　・管理職としての経験が浅い。
　・感情のコントロールが不得手である。
　・ストレス耐性が低い。
　・要求水準が高く，人にも自分の水準を押し付ける傾向がある。
　・共感力が低い。
　・人の話を聴かず，自分の考えを押し付ける傾向がある。

(2) 被害者側の状況

・メンタルヘルスが悪化している。
・欠勤や遅刻が増えた。
・不自然なケガや病欠が続くようになった。
・びくびくしたりおどおどするようになった。
・無口になった／笑わなくなった。
・感情を表に出さなくなった。
・離席回数が増えた。

(3) 職場の状況

・会話が少なくなった／笑い声がなくなった。
・特定の人だけ離席することが多くなった。
・メンタルヘルス不調による休職が相次ぐようになった。
・自己都合退職が相次いでいる。
・業績が悪化している。
・飲み会など部署内の私的なイベントが減った／なくなった。

　なお，アイスランドのある研究によれば，女性より男性の被害者のほうが，被害にあっても助けを求めない傾向があったそうです。日本においても，まだまだ「男は強くなければならない」「男は弱音を吐いてはいけない」などのジェンダー意識が残っていたり，家族の生活を背負って簡単には転職できない男性も多いと思いますので，ハラスメント被害に耐えつつ無理を重ねてしまう人も少なくないのではないでしょうか。

　経営者や人事担当者は，被害者本人からの訴えを待つばかりではなく，日ごろから職場の様子に気を配ることが必要でしょう。上記の「②被害者側の状況」であげた内容については，「ハラスメントか否か」を判断する際だけでなく，サインに気づくためのポイントとしても，参考にしていただけるのではないかと思います。

　　　　第3章　パワハラ発生…さあ，どうする？

3 白黒つけることの意味

(1) 組織全体への悪影響も

　実際にハラスメント問題が発生した場合，行為者の言動が処罰の対象になるか否か判断に迫られることが多いと思いますが，一方で，白黒つけたために職場の人間関係がぎくしゃくするなど，業務パフォーマンスに悪影響を及ぼす可能性も否定できないでしょう。

　非常に微妙なケースについてまで無理やり決着をつけてしまうことで，組織全体に悪影響が出てしまうような事態は避けたいところでしょう。被害者を守るのは大前提としても，安易に白黒つけるのではなく職場風土改善の機会と捉え，バランスの取れた対応策を考える必要があるでしょう。

(2) 組織風土改善の機会として

　たとえば，問題となった行為者の言動について"ハラスメント行為"と断定するのを避け，あくまでマネジメント問題やコミュニケーションの問題として行為者に改善を促すのも1つの方法だと思います。

　もちろん，問題行動の程度にもよるのでケース・バイ・ケースではありますが，最も重要なことは白黒つけることではなく，「行為者の言動によって嫌な思いをしている人がいる」という事実に対して，事業主側がどう向き合い，どう解決するか，ということだと思います。たとえハラスメントとまではいえないような言動だったとしても，組織風土改善の貴重な機会として活かすことが重要ではないでしょうか。

　企業に限らずどのような場所であっても，またどのような人間関係においても，小さな誤解や行違いの積重ねが相互の信頼関係を損ない，不和の原因になるケースは少なくありません。嫌でも続けなくてはならない職場の人間関係だからこそ，円滑なコミュニケーションと信頼関係を築いていく努力が欠かせないのではないでしょうか。

「どうジャッジするか」ということよりも，「いかに働きやすい職場をつくっていくか」いう点にこそ，注目しなければならないでしょう。

人事部長のひとしずく⑦判断が難しい場合は

白黒つけることより，改善すべき組織の問題に着目する。

【ケース⑧】

パワハラ退治奮闘記8
・社内研修を実施する場合のポイント

　社内調査が進むにつれ，パワー・ハラスメント問題の発生が懸念されるのはＺ課長の部署に限らないことが明らかになってきました。調査によって，程度の差はあっても，管理職の言動に問題が見ら

パワハラとは？

自覚のない人，
理解の低い人もいる

	ようにしか見えませんよ。
人事部長 （ハットリさん）	後で確認できるように，メールで記録を残したいんじゃ ないか？
K	部長，本当に私の話を真剣に聴こうと思っていらっしゃ るのですか？　私は上司からハラスメントを受けている んです！　私の話を疑っているんですか？　うちの会社 は本当に，真剣にハラスメント問題に取り組む気がある んですか？

◆

　人事部長（ハットリさん）は真摯な態度で話を聴こうと努めましたが，話を聴けば
聴くほど，Kは上司に対する不満を延々と述べたうえ，しまいには
人事部長（ハットリさん）にまで攻撃の矛先を向けてきたため，「やはり今回はハラ
スメント問題などではなく，K本人に問題があるのではないか」と
思うようになりました。

1　疑わしい被害者とは

　パワー・ハラスメント被害者の多くは，目立った特徴という点では他
の人たちとまったく変わらないどころか，誠実で仕事に対してまじめな
人も多いといわれています。しかし，ごく一部ではありますが，なかに
は単に"被害者アピールするだけの人"が存在するのも事実です。

　たとえば，もともと会社や特定の人物に対して不満があったところ，
何かのきっかけで「被害を受けた」という主張を始め，個人的な恨みを
吐き出し，解消しようとするケースがその一例でしょう。

　このようなケースは，どちらかというと他罰的な傾向があったり，攻
撃的な面があるタイプが少なくなく，ふだんから何かと不平不満が多
かったり，何かと自分に都合のいいように解釈する傾向があるなど，も
ともと"問題社員"の傾向があったのではないでしょうか。

日ごろから人間関係の摩擦が多く，周囲を振り回す傾向があるなど，そもそもの原因は本人にあるにもかかわらず，当の本人もストレスをためやすい傾向にあり，そのストレスや不満のはけ口として，「被害を受けた」と主張している可能性があります。

　また別の例として，周囲の同情や関心を引くために“被害者”としての自分をアピールするケースがあげられます。このようなタイプは，日ごろから感情表現がオーバーで，周囲の関心を引こうとする傾向があるのではないでしょうか。自分が周囲の注目を浴びていないと不機嫌になったり，ふだんからどことなく演技がかった言動が特徴的かもしれません。

　このようなタイプがハラスメント被害を訴えた場合は，自分がどれだけ傷ついたかを切々と訴え，過度に装飾された言葉と印象的な話しぶりで周囲の同情を引こうとするかもしれません。まるで，“被害を受けたかわいそうな自分”に酔い，哀れんでいるようにさえ見えるかもしれません。

　さらに他の例として，客観的根拠や事実がないのに被害妄想が強く，「被害を受けた」という思い込みが強くなり，周囲の説得に耳を貸さないタイプも，“疑わしい被害者”の１つとしてあげられるでしょう。このようなタイプは，日ごろから職場の上司や同僚に対して疑い深く，友人も少なく孤立しがちで，付き合いの幅も狭い傾向があるのではないでしょうか。

　ふだんはあまり目立たないのに，ひとたび「ハラスメントの被害を受けた」と思い込むと，その考えに凝り固まり，“加害者”に恨みを抱き続ける場合もあります。そのため，周囲が説得したり手を差し伸べても自分から助けを求めることはなく，繰り返し被害を訴え，“加害者”を糾弾し続けるばかりであるため，とても問題解決を望んでいるようには見えなかったりします。

② 対応のポイント

たとえ本人の訴えが疑わしい場合であっても，なかには本当にハラスメント被害を受けている可能性があるかもしれませんので，最初から決めつけないように注意しましょう。もし，本人の訴えが事実であった場合は，二次被害を与えてしまう可能性があるからです。逆に，たとえ本人の訴えが事実と異なり，単なる“被害者アピール”であったとしても，会社の対応に不満を覚えて逆恨みしたり，労使トラブルに発展しないとも限りませんので，注意が必要です。

「この人の話は何かおかしいな」と思っても，その場ですぐ疑いを挟んで事実を突きつけるのではなく，まずは真摯に話を聴くよう努めましょう。白黒つけることも大事ですが，まずは“そのような内容を訴える社員がいる”という事実に注目したほうが建設的かもしれません。職場の人間関係や信頼関係あるいはコミュニケーションに何かしら問題が生じているわけですから，「客観的な事実確認は後」と割り切って，まずは話を聴くことに専念したほうがよいでしょう。

なお，“被害を訴える人”から話を聴くときは，次のような点に気をつけるとよいでしょう。

(1) 「それはあなたの被害妄想なんじゃないの？」「悪く考えすぎなんじゃないの？」「その程度じゃハラスメントとは言えないんじゃないの？」などと，話し手の内容を否定するような言い方はしない

“被害者”の怒りや攻撃の矛先が聴き手に向かってしまうなど，さらに問題がこじれて解決が難しくなる可能性もあります。

たとえ話の内容が事実と異なっていたとしても，本人が“ハラスメントを受けた”と信じ，そのことで怒りを感じているのは事実でしょう。その気持ちまで否定することのないよう気をつけましょう。

(2) 勢いに押されて実現不可能なことを約束しない

　被害をアピールする人のなかには，対応者側の善意や弱みにつけこみ，自分の思うようにコントロールしようとするケースも存在します。"被害者"の勢いに押されて，実現が難しいことをうっかり安請け合いすることのないよう，注意する必要があるでしょう。

　たとえば，事前確認が必須な事項については，「わかりました」などと曖昧な返答は避けて「早急に確認します」と言い換えるなど，伝え方には十分気をつけるようにしましょう。

3 対応で注意すべきこと

　繰返しになりますが，被害者の多くは目立った特徴という点では他の人たちとまったく変わらない，と言われています。にもかかわらず，たび重なるハラスメント被害により心身のバランスを崩し，被害的で感情的になってしまう場合も少なくありません。人が信じられなくなるほど傷つけられて疑い深くなってしまっていたり，自分の殻に閉じこもってしまっていたり，メンタルヘルスの悪化により混乱しやすくなり，論理的な説明ができなくなってしまっている場合もあります。

　たび重なる被害のために精神のバランスを崩して本来の"その人らしさ"を失い，苦しんでいる被害者と，"被害をアピールしている者"をすぐに見分けるのは困難な場合もあるでしょう。

　くれぐれも"本物の"被害者を傷つけることのないよう，どのような相手であってもまずは真摯に話を聴くよう努めましょう。

人事部長のひとしずく⑨被害者の話が疑わしいときは

「なにかおかしい」と感じても，できるだけ誠実に対応する。ただし，相手のペースには巻きこまれないよう注意する。

第4章

被害者の復職支援

被害者のメンタルヘルスが悪化したとき

　ハラスメントの被害を受けた人のメンタルヘルス悪化については，すでに多くの文献で論じられているところですが，うつ症状やパニック症状，希死念慮やPTSD症状などに苦しめられ，出社が困難になり，欠勤や休職・退職を余儀なくされる被害者は少なくないのが現状です。

 カルチュラル・インテリジェンス

　カルチュラル・インテリジェンス（Cultural Intelligence quotient，略してCQと呼ばれています）とは，ロンドンビジネススクールのクリス・アーレイ教授が発表した概念といわれています。「国や民族，あるいは組織の文化を越えて効果的に機能する能力」と定義されており，主にリーダーシップやマネジメントの分野から研究が進んだ領域の1つといわれていますが，最近では，広く人材育成にまで研究領域が広がってきています。

　他国の文化や習慣，文脈やタブーを早く理解し，その場の状況に合わせて適切な行動をとる能力ということもあり，主に外国人雇用や赴任駐在員のマネジメント分野で活かされている概念ですが，異文化間の摩擦は何も外国人との間に限られず，いまや日本人同士であっても，世代間の文化や常識感覚の違いが大きくなる傾向があります。いわゆるジェネレーション・ギャップと呼ばれるもので，ハラスメント問題の背景にジェネレー

人事側の対応としては，被害者から診断書を添えて休職願いが提出された場合は，主治医の指示に従い，なるべく早く休んでもらう必要があります。

　ただし，被害者のなかには，休養を取ることが最善の策であるにもかかわらず，休職をためらうケースがあります。「復帰後，自分の居場所がなくなってしまうのではないか」「行為者からの嫌がらせがますますひどくなるのではないか」「評価に悪影響を及ぼすのではないか」など，さまざまな不安が原因である場合が多いと思いますので，関係者は丁寧に耳を傾け，不安を軽減するよう努める必要があるでしょう。

　人事担当者としては，メンタルヘルス不調者への対応方法について予備知識がないため，つい腫れ物に触るように接してしまうことがあるかもしれませんが，どう対応したらよいかわからないときは精神科医や心理の専門家に確認したり，本人に直接聴いてみるのが最善だと思います。

ション・ギャップがあるケースが少なくないことを考えると，カルチュラル・インテリジェンスの概念はハラスメント問題の防止にも大いに役立つといえるでしょう。

　詳細は拙著（※）に譲りたいと思いますが，特に中高齢のマネジャー層に対して，研修などを通して下記のような取組みに力を入れることが，ハラスメント防止には有益であると考えています。
・異文化に対する受容力や適応力を高める。
・異なる世代の文化に対する理解を深める。
・自分たちが身に付けてきた文化や価値基準を相対化する。
・異文化に適応するため，自分の言動を調整する能力を身に付ける。
（※）涌井美和子
　　『職場に外国人がやってきたら読む本　カルチュラル・インテリジェンスのすすめ』（近代セールス社）

どうしてもらうのが最も楽なのか，心の状態は本人が最もよくわかっていると思いますので，1つひとつ丁寧に聴いてみるとよいでしょう。たとえば，「いま，この話をしても大丈夫ですか？」「どのようなサポートなら負担にならないですか？」「どうすれば，いまの不安を取り除くことができますか？」など具体的に確認することで，被害者本人にとって最もよい援助の方法が見つかるのではないかと思います。

復職支援のポイント

1 休職中の対応

　休職者が休養に専念できるよう，休職開始当初は会社からの連絡は控えたほうがよいでしょう。

　ハラスメント行為者が休職中の被害者に嫌がらせを続けるケースもありますので，注意が必要です。行為者のなかには，執着心や支配欲が異常に強いために，被害者が自分の手の届かない場所に"逃げた"状況が我慢できず，執拗に連絡を取ろうとする者もいるかもしれません。自分の問題行動が"被害者の休職"という形で公にされたことで，被害者や会社に対して恨みや怒りの感情を抱く行為者もいるかもしれません。「（被害者が）二度と"会社に戻りたい"と思わないよう，徹底的に叩きのめすまで安心できない」などと考える行為者もいるかもしれません。

　万が一にも行為者が被害者に直接コンタクトをとることがないよう，人事担当者やカウンセラーなどが間に入って，被害者が安心して休養に専念できるような環境を整える必要があります。

　また，定期的に回復状況を確認したり，傷病手当金などの事務手続きに関する連絡等のため直接連絡を取る必要がある場合は，休職者の意向を尊重することが基本ですが，Ｅメールなどのように本人の負担軽減を考えた連絡手段を選んだほうがよいでしょう。

　ただし，人によっては，あらかじめ日時を決めておけばＥメールより

電話のほうが楽だと感じる場合もあるかもしれませんので，休職前に連絡方法を確認しておくとよいでしょう。

② 復職の際に配慮すること

　休職期間が長ければ長いほど，復職に際しては，徐々に慣らしていく期間が必要です。復帰当初は関係者への挨拶まわりなどで気を遣うことが多いと思いますし，たまったメールの処理だけでも大変でしょう。最初のうちは，ただ職場の椅子に座っているだけでもかなり消耗してしまうかもしれません。特に，ハラスメント被害が原因で休職した人の場合は，行為者の反応を気にするだけでも神経がすり減ってしまうかもしれません。

　そのため，復職直後は本人の回復状況にあわせて，少しずつ勤務時間や業務量を増やしていく必要があります。職場のサポート状況や業務内容，回復状況などにもよりますが，最初の数週間は勤務時間を短縮するなど，本人の意向や主治医の意見を参考にしながら無理のないペースで復職してもらいましょう。

　担当業務についても，少なくとも最初の1か月間くらいは，締切に余裕のある仕事や，ルーチン・ワーク，自分のペースで取り組める仕事，比較的責任が軽い仕事，あまり神経を使わずにすむ仕事などを中心に任せたほうがよいでしょう。残業や休日出勤も控える必要があります。

　ケース・バイ・ケースではありますが，復職直後から復職前と同程度の負担がかかるような職場の場合は，復帰当初1か月くらいは多少の早退や欠勤は大目にみるなどの配慮が必要かもしれません。復帰直後は満員電車に揺られて出社するだけでも精一杯の場合もありますので，昼休みに仮眠が取れるような場所を用意するのも1つの方法でしょう。休憩時間に外の空気を少し吸うだけでも負担感はかなり変わると思いますので，こまめに休憩が取れるような配慮も必要でしょう。

　特に，復職後も投薬治療を継続している人の場合は，副作用で眠くな

る場合もありますので，そのような意味でも無理のないペースで慣らして
いくことが大切です。

❸ 復職支援のポイント

　ハラスメントが原因で休職した被害者の復職をサポートする場合は，
"行為者の元に戻さない，再び一緒に仕事をさせない，できる限り接触
の機会をつくらない"などの配慮が必要です。事前に行為者を異動させ
ておく，被害者納得のうえ，別部署からスタートしてもらうなどの対応
も1つの方法でしょう。
　ただし，どうしても適当な異動先がないなど最善策を取ることが難し
い場合は，できる限り行為者と被害者が接触しないですむような配慮が
必要です。
　具体的には，下記のような例を参考に，被害者が少しでも不安を感じ
ないですむような対応をする必要があります。

・可能な限り行為者と被害者の席を離して配置する。
・行為者と被害者が直接顔を合わせないですむような机の配置にす
　る。
・パーテーション等を活用し，行為者が被害者の視界に入らないよ
　うにする。
・被害者と行為者が接触しなくてすむように，業務の流れやライン
　（指示命令系列）を変更する。
・いつでも被害者が相談（あるいは担当者が被害者をサポート）で
　きるように，ハラスメント相談担当者の席を被害者の側に配置す
　る。
・社内行事等の際にハラスメント行為者と被害者が接触しないです
　むよう配慮する。

なお，被害者の意向を十分確認しないまま，会社の都合優先で被害者の異動先を決めてしまうと，余計にこじれる場合がありますので，注意しましょう。「行為者のほうはいままでどおり慣れた仕事を担当できるのに，なぜ被害者である自分のほうが異動させられ，新しい仕事に慣れるために余計な苦労を背負わなければならないのか」などと，会社への不満が大きくなる可能性があるからです。

　たとえ，結果的に被害者のほうを異動させることになっても，十分に

 ## コラム　周囲の人々の心理

　組織内でハラスメント事案が発生すると，直接の被害者はもちろん，離職率の上昇やメンタルヘルス悪化のリスクが高くなるなど，部署内のメンバーにも多くの影響を与えます。

　ここでは，ハラスメント行為を目の当たりにする周囲の人々の心理状態についてみていきたいと思います。

〔不安や恐怖の感情〕

　次は自分もターゲットになるのではないか，仕事でミスをしたら被害者と同じようにひどく責められるのではないか，など不安や恐怖を抱くようになります。

〔被害者に対する同情の気持ち〕

　ハラスメントを受けて苦しんでいる被害者の姿を見て，気の毒に思ったり，哀れみの感情を抱いたりします。

〔怒りの感情〕

　ハラスメント行為者に対して怒りを感じたり，抵抗できない被害者に対してもどかしさや怒りの感情を抱くことがあります。

〔軽蔑の感情〕

　行為者あるいは被害者に対して軽蔑の感情を抱く場合もあります。

〔失望感〕

　理不尽な状況や，適切な対応を取らない組織に対して，あるいは信頼していた上司や周囲の人に対して失望感を抱く場合もあります。

話し合い，被害者本人の納得のうえで進めるようにしましょう。

〔罪悪感や無力感〕
　被害者に対する罪悪感や，状況を変えることができない自分自身に対して無力感を抱くことがあります。

〔否認の感情〕
　現実に起きている目の前のハラスメント問題に対して否認あるいは軽く考えたり，行為者および被害者に対して何の感情も抱かなくなるなど，ストレスを感じる状況を否認することで自分の心を守ろうとする場合もあります。

　以上，主な例をあげましたが，どのような感情が沸き起こるかについては，その人の性格やハラスメントの内容，組織風土，行為者や被害者との関係性などによってさまざまです。人によっては，相反する感情を抱える場合もあります。
　このように，メンバーによって抱く感情が異なるため，行為者に対して好意的なメンバーとそうでないメンバーとの間で関係がぎくしゃくしたり，反目し合うようになるなど，チームワークやパフォーマンスにも大きな影響が出る可能性があります。
　そのため，ハラスメントが起こった場合は，被害者のフォローはもちろん，関係者のフォローも重要な課題の1つとなるのです。

第**5**章

パワー・ハラスメントを
未然に防ぐために

ハラスメント発生のプロセス

　パワー・ハラスメントは国の文化や制度，経済状況や社会情勢，組織文化や企業体質，行為者の性格や被害者の性格，行為者と被害者の間の力関係や職場の人間関係など，さまざまな要因が複雑に絡み合って発生するといわれています。

　ここでは１つの仮説として**図２**のような発生プロセスを想定して，予

図２　ハラスメント発生のプロセス

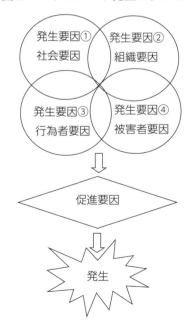

防策を考えていきたいと思います。

　発生要因①は，国の文化や制度，経済状況や社会情勢などの要因です。たとえば，異質な者を排除する傾向が強い文化，学童期からいじめが蔓延している社会，激化する国際競争，増え続ける税負担や削減され続ける社会福祉など経済的な不安，慢性的なストレス社会などがその一例でしょう。

　発生要因②は，組織要因です。上下関係が硬直化したピラミッド型の組織，性的分業傾向が強い組織，顧客からクレームを受ける機会が多い組織，下請企業や末端のスタッフを軽んじる傾向が強い組織，コミュニケーションや人間関係が悪化した組織，ずるい者や強い者が得をする組織，労働者を搾取する傾向が強い組織などがその一例です。

　発生要因③は，行為者要因です。たとえば，共感性の欠如した自己愛的な性格傾向，アグレッシブで攻撃的な性質，いじめ問題やハラスメント行為に対する認識の低さ，権力や上下関係に対するこだわりの強さ，コミュニケーション能力の未熟さ，自己流の指導方針や旧来のやり方に対するこだわりの強さ，指導力や適切なリーダーシップの欠如，アンガーマネジメント・スキルの低さ，傲慢さ，行き過ぎた正義感，マイクロマネジメント，反社会的性格，差別意識，ねたみやひがみの感情，不安定な精神状態，倫理観や道徳観の欠如などがその一例です。一方，厳しい現場にもかかわらず支援が不足している，組織からの厳しいノルマや顧客から強いプレッシャーを受けている，など行為者自身が組織や上司から追いつめられている場合もあります。

　発生要因④は，被害者要因です。たとえば，人一倍優れているためにねたみを買いやすい，発達障害の傾向がありコミュニケーションが不得手である，気が優しく「No」と言えない性分である，威圧的な人が苦手で萎縮しやすい，自尊心が低い，経験が浅い，年齢が低い，いじめ被害経験があり悪感情に対して過敏になりやすい，不安定な雇用関係を強いられ弱い立場にいる，マイノリティや女性・障碍者など差別を受けやすい属性である，などがその一例でしょう。ただし，被害者のうち約3分の2については，性格傾向の面でも特に目立った特徴はなかったとい

う研究もあります。むしろ被害者に対する，行為者側によるレッテル貼りこそ，注意する必要があるでしょう。

　ただし，発生要因①から発生要因④までの，すべての要因が重ならなくてもパワー・ハラスメントが発生する可能性は十分あると思います。特に，促進要因が大きい場合は発生リスクが高くなるでしょう。

　促進要因とは，具体的には下記のような要因があげられます。

・身体的なストレスが大きい環境（暑すぎる・寒すぎる・狭すぎる
　等）
・慢性的な過重労働に陥りやすい状況
・業績や成果を優先し，問題行動を軽んじる評価制度
・過度の競争やねたみ感情を煽るような状況
・違法行為や不正行為を強要もしくは容認する職場風土
・ハラスメント問題を軽視もしくは無視する風潮

　この発生モデルを基にハラスメント予防策を検討するならば，発生要因①から発生要因④および促進要因の，それぞれについて有効な対策を平行して行うことが，ハラスメント防止には非常に重要であるといえそうです。

　ただし，発生要因①については，法律の制定や国の施策など一企業のレベルを超えた対策が必要になりますので，組織レベルで行う対策としては，主に発生要因の②から④と促進要因にそれぞれ着目して検討するとよいのではないでしょうか。

　では次に，それらの対策について具体的に見ていきましょう。

ハラスメント発生予防策の具体例

　パワー・ハラスメントは，問題が大きくなればなるほど組織にも個人にも甚大な被害を与えます。できる限り早い段階で問題の芽を摘むためには，ハラスメント問題が起きない組織づくりが何より重要です。

　ここでは，前節で検討したハラスメント発生要因②③④と促進要因にそれぞれ焦点を当て，予防策について具体的に考えていきたいと思います。

1　発生要因②に着目した予防策例

　発生要因②「組織要因」に着目した予防策としては，以下のものがあげられます。

(1)　円滑なコミュニケーションを促進する

　円滑なコミュニケーションの促進はメンタルヘルス対策だけでなく，ハラスメント予防策にも役立ちます。コミュニケーションを軽視したために些細な行き違いや誤解の積重ねが生じ，パワー・ハラスメント問題に発展するリスクが高くなります。

　逆に，円滑なコミュニケーションを心がけることによって良好な人間関係や信頼関係に繋がり，ちょっとした摩擦も誠意ある対応で大事に至るのを防ぐことができるでしょう。

⑵ 仕事と責任の範囲を明確にする

　仕事と責任の範囲が曖昧になっていると，行為者がターゲットに業務や責任を押し付けても明確な根拠をもとに「No」と言えなくなってしまう可能性があります。

⑶ 公正な評価と処遇に努める

　不透明な評価や不公平な処遇は，不満の種やストレス源になるばかりでなく，贔屓された者がハラスメント行為者のパワーを後ろ盾にして傲慢に振る舞ったり，第2のハラスメント行為者になる可能性も否定できません。

⑷ 管理監督者の教育訓練を徹底する

　パワー・ハラスメントは，職位が上でより権力を持つ人のほうが行為者になるリスクが高いといわれています。また，質の低いマネジメントもハラスメントの重要な要因の1つといわれていますので，管理監督者のマネジメント教育やコミュニケーション教育は必須課題といえるでしょう。

⑸ 双方向のコミュニケーションを促進し，風通しのよい組織づくりを目指す

　組織の上位者から下位の者に対する一方的なコミュニケーションは，力関係の固定化や強化に繋がりかねません。ハラスメントに該当するような言動があっても，一方的なコミュニケーションに慣れすぎてしまうと，問題意識が薄れてしまう可能性もあります。

　職位が下の者から上位者に対して自由にものが言える雰囲気づくりなど，双方向コミュニケーションを促進し，風通しのよい組織づくりを目指すことが必要です。

⑹ 多様性を許容する組織風土づくりを促進する

　異質な者を排除しようとする傾向が強い組織や，「成果を出せる者が

　第5章　パワー・ハラスメントを未然に防ぐために

常に正しい」とされるような職場，成果や業績へのこだわりが強く価値観の多様性に乏しい組織などでは，お互いに尊重しあう空気が損なわれやすく，心身の余裕のなさや否定的な感情から他者批判や集団いじめに発展したり，ハラスメントが横行しやすくなるでしょう。

1人ひとりの能力と個性を尊重し，多様性を許容する組織づくりを促進することが，ハラスメント予防に繋がります。

(7) クレーム担当者のサポート体制を整える

顧客からのクレームや罵詈雑言，暴力などを受ける機会が多い業務や部署では，ハラスメント発生率が高くなるといわれています。担当者のサポート体制を整えるなど，外部から持ち込まれるハラスメント問題には組織で対応し，矢面に立つ担当者をサポートすることで，職場内への伝染を防ぐことに繋がるでしょう。

(8) ハラスメント調査を実施する

組織の実態を把握するためだけでなく従業員のハラスメントに対する理解や意識を高めるためにも，ハラスメント調査は非常に役に立つでしょう。

なお，オーストラリアの労働安全衛生規制局に提出されたデータを基に行われたある研究によると，監督者，管理者，または従業員が①休暇や労働時間に関する管理業務，②タスクやパフォーマンスの管理業務，③職場環境の調整に関する業務，などに関連した業務を行う場合に，いじめ発生のリスクがあることが示されたそうです。

また，男性間のいじめの場合は孤立化，女性間のいじめの場合は悪口などのようなケースが比較的多かった，という研究もあります。

以上のような視点を踏まえた組織対策も検討の余地があるでしょう。

2 発生要因③に着目した予防策例

　発生要因③「行為者要因」に着目した予防策としては，以下のものがあげられます。

(1) 研修を実施する

　トップ層もしくは管理職だけを集めた研修の実施は最優先課題ですが，全社員を対象にした研修や，行為者／行為者予備軍（表向きは別の理由にする必要があるかもしれませんが）を対象とした研修の実施も検討する必要があるでしょう。

(2) 行為者を対象としたカウンセリングを実施する

　改善の見込みがあるハラスメント行為者／行為者予備軍については，個別にカウンセリングを実施して行動変容を促すことも1つの方法だと思います。

(3) 中途採用者が前職からハラスメント体質を持ち込んでいないかをチェックする

　1つの職場に長く在籍すればするほど，気づかないうちに組織文化や組織体質の悪い部分も染みついてしまいがちです。パワー・ハラスメントが横行する組織から転職してきた人が前職の文化をそのまま持ち込み，ハラスメント行為を繰り返すことのないようチェックすると同時に，しっかり教育することが必要です。

3 発生要因④に着目した予防策例

　発生要因④「被害者要因」に着目した予防策としては，以下のものが

あげられます。

(1) 外部相談窓口を設置する

　被害者が追いつめられる前に相談できる場所があることは，非常に重要です。また，「第三者の視点から自分の状況を客観的に判断してもらいたい」「自分の言動がハラスメントになっていないか専門家の意見が知りたい」と希望する人もいます。いつでも相談できる場所があることが安心感に繋がりますし，"話した内容が外に漏れない""秘密が守られる"という信頼感や安心感は，ハラスメント問題では特に大きな意味を持ちます。

　問題が小さいうちに芽を摘むことができるよう，相談窓口の設置はマストといえるでしょう。

(2) ハラスメント問題専任担当者を選ぶ

　外部の相談窓口と並行して，内部にも専任の担当者を配置することも必要です。ある程度の勤務経験があり，一定水準以上の傾聴訓練を積んだスタッフに任せるなど，経験や人柄，スキル等のバランスが取れた担当者を配置するとよいでしょう。

４　促進要因に着目した予防策

　促進要因に着目した予防策としては，以下のものがあげられます。

(1) 社内規程やガイドラインを作成し周知徹底に努める

　会社の方針を明確にするために，ハラスメント規程やガイドラインを作成し，周知することが大切です。ハラスメント問題が発生している組織では，従業員がガイドラインの存在を知らないケースが少なくなかった，という報告もありますので，作成するだけで満足せず，周知徹底することが肝要です。

⑵　**経営者や管理監督者が自ら模範を示す**

　経営層や管理監督者層の言動は組織風土に大きな影響を与えます。万一，トップ層自らがパワー・ハラスメントしているようであれば，下の者も"右へならえ"になっていくでしょう。まずは立場の強い者から模範を示すことが何より重要です。

⑶　**全従業員を対象としたハラスメント研修を定期的に実施する**

　パワー・ハラスメントを予防するためには，人間関係上のパワー・バランスや集団心理に関する理解を深めることが大切であると同時に，各自の自覚と理解の促進が鍵になるといわれています。

　特に，パワー・ハラスメントは上司から部下だけでなく，同僚間あるいは職位が下の者から上位者に対して行われる場合もありますので，管理職研修だけでなく全従業員を対象に行う必要があるでしょう。

⑷　**ハラスメント撲滅の標語などを従業員の目につくところに表示／印字する**

　ハラスメント撲滅に対する心構えを表した標語などを社内の共有サーバーや給与明細，社内報ほか，日ごろから従業員の目につきやすい箇所に表示／印字しておくことで，各自の意識を高めることができるでしょう。

⑸　**非ベテラン従業員に教育訓練や能力開発の機会を与える**

　新入社員や経験の浅い従業員に対する行き過ぎた指導や叱責が，ハラスメント問題に発展することがあります。新人教育をすべて現場に任せてしまったために，管理職や教育担当者の負担が重くなりすぎて，ハラスメント問題に発展するケースもあります。

　off-JTとOJTのバランスに配慮し，人事部門主導で教育訓練や能力開発の機会を提供することも，ハラスメント防止につながるでしょう。

⑹　**人事評価にハラスメント行為に関する項目を加える**

　人事の評価項目にハラスメント行為やコミュニケーション能力などに

　　　　第5章　パワー・ハラスメントを未然に防ぐために

関する項目を入れると同時に，評価の割合を多くすることも一考です。あわせて，評価者訓練も継続的に実施していく必要があるでしょう。

(7)　働きやすい職場環境を整える

　法律を遵守するのはもちろんのこと，適正な労働時間管理やストレス対策などのほか，暑すぎる／寒すぎる／うるさすぎる／狭すぎる／汚すぎる…など，身体的な意味でもストレスがかかる職場環境は，早急に改善を図るようにしましょう。

　以上，発生要因②〜④および促進要因それぞれに着目したハラスメント予防策をあげましたが，個人と同様，組織にも個性がありケース・バイ・ケースで検討する必要がありますので，それぞれの事情に合わせた対策を取り入れてほしいと思います。

　なお，さまざまな研究によれば，職場のいじめは“余裕がない”組織——時間や空間に余裕がなかったり，失敗に対する寛容さが低い組織など——やプレッシャーが多い組織などで発生のリスクが高くなるといわれています。プレッシャーが大きく多忙な職場ほど，お互いに気持ちの余裕がなくなり，人間関係もギスギスしやすくなるのかもしれません。

　また，上司―部下間のいじめ等については，一般社員に比べてマネジャーの力が相対的に大きい組織のほうが発生しやすいという研究もあるそうです。まさにパワー・ハラスメントの名のとおり，職位間のパワーの差が問題発生の主要因の1つといえるのでしょう。

もし被害者になったら

　もしパワー・ハラスメントの被害者になってしまったら，黙って耐えてつぶれるまで我慢するのでなく，下記の例を参考に，自分に合った対処法を実践することをお勧めします。行為者の攻撃の矛先が変わるのを待っていても，事態がよくなるどころか一層ひどくなるケースもありますので，限界まで無理をしないようにしましょう。

〔信頼できる家族や友人・同僚などに話を聴いてもらうこと〕

　ハラスメントを受け続けていると，「自分にも問題があるのではないか」などと自分を責めるようになったり，自尊心が低下してしまう可能性があります。

　不安が高まって精神的に不安定になり，仕事でもミスを連発するなど悪循環に陥って，行為者に付け入る隙を与えてしまいかねませんので，そうなる前に信頼できる人に話を聴いてもらうことが大切です。

〔心の逃げ場をつくること〕

　休日も職場のことが頭から離れず心が休まらなかったり，「いまの仕事を続けるしかない」と思い詰めてしまうと，身体が壊れてしまうまで無理をしてしまう可能性があります。趣味の時間や軽い運動，外出など気晴らしができるような時間をつくったり，転職に向けた資格の勉強や準備を始めてみるなど，心の逃げ場をつくることが大切です。

　ただし，暴飲・暴食，ギャンブル，過剰なショッピングなどで発散する方法は，心身に負担をかけたり，依存症になるリスクもありますので避けるようにしましょう。

〔心身の休養を優先し，辛いときは思い切って会社を休むこと〕

　大きなストレスを抱えていたり，心身ともに追いつめられているときは，どれだけ消耗しているか，あとどのくらいでダウンしてしまうのか，自分で自分の状態が見えなくなることがあります。

　身体が重かったり，苦痛に感じるときは，思い切って仕事を休んでしまうのも1つの方法です。

〔信頼できる上司や人事担当者に相談すること〕

　上司や人事担当者が信頼できる人であれば，できるだけ早めに相談してみましょう。実際に面と向かうと，うまく伝えられなかったり，言葉が出てこなくなる心配がある場合は，メモを用意してあらかじめ要点をまとめ

ておくとよいでしょう。

〔症状があるときは専門医に相談すること〕

　ぐっすり眠れない，食欲が落ちた，精神的に不安定になった，落ち込むようになった…などの症状が見られるときは，早めに医師に相談しましょう。先延ばしにすると症状が悪化する可能性が高くなるでしょう。

〔感情を言語化すること〕

　不安やイライラ，怒りなどさまざまな感情が整理できないまま，心のなかに混沌としているような精神状態のときは，その気持ちを文字に起こしてみたり，信頼できる人に話を聴いてもらうなどして，言葉にしてみるとよいでしょう。

　心のなかにたまった感情の言語化は，気持ちの整理と新たな気づきにつながるでしょう。

〔行為者とのやりとりを記録しておくこと〕

　いざというときのために行為者とのやりとりを記録しておくのも１つの方法でしょう。行為者のなかには，あとで自分に都合よく話をねじ曲げてしまう者もいますので，そのような意味でも記録を残しておくほうがよいかもしれません。

　記録することで行為者の行動パターンの理解にも繋がり，防御策が見えてくる可能性もあるでしょう。

〔リラクゼーションの時間をつくること〕

　深呼吸して軽く身体を動かしたり，ぬるま湯にゆっくりつかるなど，無理のないペースでリラクゼーションの時間をつくるようにしましょう。心と身体は繋がっていますので，身体の緊張をほぐすことで心の緊張感もほぐれるでしょう。

〔大きな決断をするときは慎重に〕

　ハラスメント被害によって心や身体がダメージを受けているときは，人生にかかわる大きな決断——結婚や離婚，家の購入や引っ越し，転職など——はできるだけ避けましょう。気力や思考力が落ちているときに大きな決断をしてしまうと，あとで後悔することにもなりかねないからです。

　どうしても決断する必要があるときは，信頼できる人に相談したり，できるだけ結論を先延ばしにしたほうが賢明でしょう。

第6章

業種・組織風土ごとの
ハラスメントの特徴と対策

業種ごとの特徴と対策

　ハラスメントは組織風土や職場体質などの影響と無関係ではなく，むしろ業務内容を"悪用"したケースが目立つ傾向にあるようです。たとえば，IT関連の職場であれば，EメールやチャットなどITツールを使用したハラスメントが発生したり，接客業であれば，顧客の前で恥をかかせるなどコミュニケーションに関連したハラスメントに発展しやすい，などです。

　個人の性格も千差万別であれば，組織の個性や風土も千差万別です。組織の予防策を考える際は，研修の実施や相談室の設置など基本的な対策に加えて，組織の特徴を踏まえた対策を検討することが大切です。

　まず，業界や業種ごとのハラスメントの特徴や問題発生要因と予防策の方向性について，考えていきたいと思います。

1　医療業界

　著者がハラスメント問題に関心を持つ大きなきっかけとなったのが，医療機関における勤務経験でした。少し大きな病院やクリニックになると，さまざまな職種のスタッフが働いていますが，医師を頂点にしたヒエラルキーが強固な組織や，先輩や上司によるスパルタ式の厳しい指導や叱責が常態化している組織などでは，ハラスメント問題が発生しやすい傾向にあるようです。海外の研究でも，医療業界は他業種と比較して

ハラスメント発生リスクが高い業種の1つとされています。

　たとえば，米国においても，看護師の44％が1〜2種類のいじめを受けており，50％が他の人へのいじめを目撃していたという報告があり，医療業界における職場いじめの問題は日本に限らないようです。

　専門家としては一流でも，マネジャーとして一流とは限りません。医療業界においても，キャリアの長い者がそのまま管理職に就くケースがありますが，自分自身が受けてきた指導法を客観視することもなく，「厳しい指導に耐えないと一人前の○○にはなれない」という凝り固まった信念で，ひたすら厳しい叱責を繰り返し，ハラスメント問題に発展する場合があります。救急医療現場など一歩間違えば人の命にかかわるような職場などでは特に，厳しい叱責の延長でハラスメント問題に発展するケースも珍しくないようです。

　ハラスメント予防の1つの方向性として，マネジャー教育をきちんと行い，指導力を養う，過重労働にならないよう労働時間管理を見直す，特定のスタッフや職種に負担がかかりすぎないよう業務配分を見直す，などの対策が必要であると考えます。

② 介護・保育業界

　介護業界や保育業界などのように，慢性的な人手不足で負担が大きいわりには労働に見合った報酬が十分に保障されない傾向のある業界では，個々のスタッフの意欲や頑張りに頼らざるを得ない面があるため，心身のストレスも大きくなりがちです。特に最近は，利用者の家族や保護者などサービスを利用する側のクレーマー化も問題となっており，労働環境の改善が大きな課題とされる業界の1つといわれています。

　ヒューマン・サービス従事者を対象にしたある研究でも，スタッフが燃え尽き状態にあったり，クレームを受ける機会が多い職場ではハラスメントが発生するリスクが高くなる，という結果が得られたそうです。

　そもそもヒューマン・サービスは，営業成績のようなはっきりとした

成果が得られにくく，努力の結果が見えにくいため，管理職の行き過ぎた指導により部下の性格や意欲まで否定したために，ハラスメント問題に発展することがあります。

このような職場では，労働条件の底上げとともに，燃え尽きを予防する対策の実施や管理職の育成も，重要な予防策の１つになると思います。

3 公務員業界

ひと口に公務員といっても，警察・消防から学校・保育，事務部門までさまざまな職種がありますので一概にはいえませんが，正規職員など長期の職の安定が保証されている公務員の場合は，波風を立てることを避けようとするため，トラブルが生じても表面化しにくく，問題が深刻化することがあります。

また，行政職などは異動が多いうえ，異動のたびに新しい業務を担当することも珍しくないため，異動と同時に昇進した新任の管理職が結託したベテラン部下たちからいじめられる，いわゆる“逆パワハラ”が起こる可能性があるのも，公務員業界の１つの特徴といえるでしょう。

ハラスメント対策を進める場合は，管理職と一般職それぞれに対して基本的な知識の共有を目的とした研修の実施はもちろんですが，消防・警察・保育・学校・病院その他職種ごとに業務内容が異なりますので，それぞれの実情に合わせた研修や対策を検討する必要があります。

たとえば，命にかかわる業務ゆえに厳しい指導が多くなりがちな消防や警察では適切な指導法やNGワード例の共有，保育や学校などでは保護者からのクレームに対するサポート体制の徹底，本庁の事務職などでは職務配分の公平化や過重労働予防策などが考えられるでしょう。

4 金融業界

　厳しい営業ノルマや実績はもちろん，学歴や年齢が重視されがちなピラミッド型の組織，関連知識習得や資格取得に対する強いプレッシャー，絶え間ない仕事の負担やストレスが，パワハラの主要因となっている業界の1つといえると思います。

　さらに最近は，景気の縮小や先行き不透明感，グローバル化の影響，クレーマー客の増加など社会的な環境の変化も，ハラスメント発生要因の1つになっているようです。

　コンプライアンス対策の一環としてハラスメント防止対策に取り組んできた金融機関も多いと思いますが，メガバンク，地域密着型の金融機関，保険会社ほか金融機関や組織によって抱えている課題や風土も異なっていますので，組織調査やアンケートの実施等を通じて組織の課題やハラスメントの傾向を具体的に洗い出しながら，ケース対応に重点をおいた研修の実施や，ハラスメント相談体制の見直しなど，より実情に合った具体的な対策を検討する必要があります。

　たとえば，一般的な金融機関や保険会社等では行き過ぎた指導やノルマの見直し，地域密着型の金融機関等ではカスタマー・ハラスメントやアルコール・ハラスメント防止などに力を入れるとよいでしょう。

5 コンサルティング業界

　知識や実績，学歴や資格，語学力や専門スキル，モチベーションやポテンシャルなど，それぞれの能力を活かして"どれだけ結果を出せるか"という点が重要視される，いわゆる実力主義の傾向が強い業界の1つといえます。

　お互いに刺激を与え合い切磋琢磨できる反面，目立った活躍をする者

がそうでない者を見下したり，立場の弱い者の労力や努力を搾取するようなハラスメントに発展する可能性も否定できません。猛烈な努力をして一人前のプロになった人も少なくないため，部下や後輩にも同じ努力を要求して，パワー・ハラスメントに発展する場合もあるでしょう。

　実績や能力が評価されるうちに自信満々となり，上司を言い負かそうとしたり，周囲を無視して意見を押し通そうとしたり，自分の権利をことさら主張するなど，逆パワハラ問題が発生する可能性も否定できないと思います。

　ハラスメント対策の1つの方向性としては，具体的な裁判例や法律など，問題を起こした際のデメリットを具体的に説明したり，人権に対する考え方について研修等を通じて共有することがあげられるでしょう。

6　建設・不動産業界

　技術職や専門職などに従事する人の割合が多く，現場仕事や体力が必要な業務が多い傾向にある，いわゆる男性優位の性別役割分業色が強い業界の1つといえるでしょう。最近はかなり状況が変わってきているとはいえ，数十年前の感覚のまま管理職になった人が，不用意な発言や厳しい叱責を繰り返し，セクシュアル・ハラスメントやパワー・ハラスメント問題を起こしてしまう場合も珍しくありません。

　ポジティブ・アクションや働き方改革など，積極的な取組みを続けている企業も多い一方，企業によっては，表向きの対策だけで従業員の意識は一昔前からほとんど変わっていないなど，組織によってばらつきがある業界の1つといえるでしょう。

　ハラスメント予防策の方向性としては，ジェンダー・バイアスに関する基本的な知識の共有とあわせて，各自の言動を振り返るセルフ・チェックテストの実施や，ハラスメント問題を予防するコミュニケーション方法およびマネジメント方法に関する教育研修などがあげられるでしょう。

7 　通信業界

　時代の変化の影響を大きく受ける業界の１つであり，組織も個人も常に変革や新しい知識の習得が求められるため，組織体制や指示命令系統，業務内容，雇用形態などの変化に伴うストレスが，ハラスメント発生の一要因になる可能性があります。

　特に，正社員に加えて契約社員，パート，アルバイト，派遣社員などさまざまな雇用形態の者が混在する職場が多くなり，パワー・バランスや異なる利害関係などが１つの要因となって，ハラスメント問題に発展する可能性もあります。

　また，子会社やグループ会社を抱える企業のなかには，親会社から来た役職者層と子会社の組織文化の違いが，ハラスメント問題の要因になる場合もあります。

　このような業界の予防策として考えられる方向性としては，組織文化の摩擦問題に焦点を当てた研修の実施や，相互理解を促進するための対策の実施などがあげられると思います。

8 　物流・運送業界

　エアコンが効いた室内ではなく，寒暖の差がある外で重量のある荷物を運ぶなど体力を使う現場仕事が多く，なおかつノルマや時間に追われ，神経を使う顧客対応業務という側面もあるため，ハラスメント発生のリスク要因が多い業界の１つといえます。

　特に管理職は，現場仕事を担っているプレイング・マネジャーであるケースも多く，厳しい労働条件やノルマなど二重三重に負担がかかり，結果として，部下指導の延長でハラスメント問題に発展する場合も少なくありません。

このような業界で予防策を検討する場合は，マネジャー教育や研修実施などハラスメントに関する知識の共有ももちろん大事ですが，基本的な労働条件の見直しや職場環境改善が最優先といえるかもしれません。

⑨　IT業界

　常に新しい知識の習得が要求され，納期や予算は顧客次第，職場環境や労働条件は厳しく体力勝負…など，仕事のストレスやプレッシャーが大きく，心身の負担，特に脳の疲労も無視できない業界の1つといえるでしょう。

　一人前になるまで時間が必要な専門性が高い仕事であることに加え，つい数十年前までパワハラが横行していた業界の1つであるため，教育や指導の延長でハラスメントになったり，ジェネレーション・ギャップが原因でハラスメント問題に発展することがあります。

　コンピューターを相手にした専門性とスキルに特化した人の割合が多い業界ということもあり，対人関係に苦手意識を感じている人や発達障害の傾向がある人が比較的集まりやすいとされているため，コミュニケーションや人間関係の問題からハラスメントに発展することもあります。

　このような業界でハラスメント対策を検討する場合は，マネジメント層を対象に指導法に焦点を当てた研修を行ったり，一般社員を対象にコミュニケーションや対人関係に焦点を当てたワーク形式の研修を実施するのも一考だと思います。

　また，派遣型の現場が多いなど，従業員同士のコミュニケーションの機会が少ない組織の場合は，メッセンジャーアプリやウェブ会議システムを活用したり，定期的に集まる機会を設けるなど，勤務時間内でコミュニケーションの機会を増やす取組みを優先するとよいでしょう。

　さらに，ハラスメント相談窓口の利用促進策も対策の1つとしてあげられるでしょう。

10 メディア業界

　華やかなイメージとは裏腹に，昔から男性優位の傾向が強い業界の1
つということもあり，パワー・ハラスメントに加えてセクシュアル・ハ
ラスメント問題も発生しがちな組織風土の会社も珍しくないようです。
　世界的なムーブメントとして広まった＃me too運動の影響もあり，
声をあげる被害者が増え，かなり状況が変わってきている部分もありま
すが，就職希望者が多い業界の1つということもあり，弱みにつけこま
れた就活生がハラスメントのターゲットになったり，被害を受けて泣き
寝入りしたり，裁判に発展するケースも皆無ではありません。
　特に，セクシュアル・ハラスメントが発生しがちな組織の場合，規程
の整備や相談窓口の設置，研修実施など基本的な対策はひととおり実施
していても，組織体質や従業員の意識が変わらないために，主な被害者
が正社員から派遣社員や下請企業のスタッフなど，さらに弱い立場の人
に変わっただけで，同じようなケースが繰り返される可能性があります。
　ハラスメント対策を進める場合は，基本的な予防策を継続しつつ，問
題を起こした行為者から役職を外したり，適正に処罰をして移動させる
など，ハラスメント問題に対する会社の毅然とした態度を，きちんと示
す必要があるでしょう。

11 エネルギー業界

　社会のインフラを支える重要な役割を担う企業が多いため，本体企業
とは別に多くの関連企業で構成される組織が多い業界の1つといえます。
　企業によってさまざまな特徴があるため一概にはいえませんが，本体
企業は早くから取組みが進んでいる一方，関連企業によっては人的資源
や予算に限りがあるため，ハラスメント問題が発生するケースも少なく

ないようです。

　また，関連企業のなかには，特殊技能を必要とする体力勝負の仕事が多いこともあって性別役割分業の傾向が強かったり，顧客サポート業務など一般客からのクレームを受ける機会が多い部署があるなど，ハラスメントの要因となりうる問題を多く抱えた組織もあり，企業ごと組織ごとの事情や特徴に合わせた対策が必要といえます。

　たとえば，関連会社に共通する基本的な情報やコラムを定期的に発信する，ディスカッション形式の研修などを事業所や部署ごとに行う，各事業所に兼任のハラスメント相談担当者を配置する，既存の相談窓口に加えてLINEやメッセンジャー，テレグラムほかさまざまなツールを利用してどこからでもアクセスできるような相談窓口を用意する，などがあげられるでしょう。

12　製造業界

　扱う製品によって，組織風土も規模もさまざまであるため，一概にはいえませんが，50～100年以上の歴史がある企業も多いため，良くも悪くも独自の組織文化が残る企業も少なくないようです。

　なかでも，職人気質が強く残る組織などは，部下指導の延長線上でパワー・ハラスメント問題に発展する傾向があります。また，伝統的に性別役割分業色の強い組織では，セクシュアル・ハラスメント問題が発生しやすくなることもあります。

　ポスターや標語を使用した啓発活動，ハラスメント調査の実施，部下指導法に特化した研修など，組織ごとの特徴に合わせた対策が必要であると同時に，大きな組織の場合は，部署ごとにハラスメント相談担当者を配置することも重要な取組みの１つです。

　また，外国籍の従業員が増えつつある企業の場合は特に，ジェネレーション・ギャップや異文化適応など，いわゆるカルチャー間の摩擦に焦点を当てた研修を実施してもよいでしょう。

⓭　小売業界

　長引く不況，増税による業績悪化，インバウンド頼みの不安定な販売
基盤，販売ノルマのプレッシャーやクレーム対応，厳しい雇用条件など
によるストレスに加えて，パート，アルバイト，契約社員，派遣社員，
正社員など，さまざまな雇用形態のスタッフが混在，人間関係のトラブ
ルやミス・コミュニケーションから職場いじめやハラスメント問題に発
展する可能性が考えられる業界の１つです。

　特に，小売業を中心にパート／アルバイトの女性や外国人労働者が多
い職場では，共働き女性，子育て中の女性，DINKS，独身女性，学生，
シングル・マザーほか，人によって生き方や家族形態がさまざまである
ため，価値観のずれから人間関係のトラブルや職場いじめに発展する可
能性もあります。

　このような組織では，ハラスメント規程の整備や相談室の設置，研修
の実施など基本的な対策に加えて，顧客からのハラスメント被害をサ
ポートする施策や，公平な賃金制度や人事評価制度の運用が必要不可欠
といえるでしょう。

⓮　飲食業界

　著名なシェフがハラスメント問題で非難を浴びたり，大きな問題に発
展するなど，日本だけでなく海外でもハラスメントが起こりやすい業界
の１つといえるかもしれません。その背景には，厳しい労働環境や職人
気質の職場風土などがあげられると思いますが，過重労働や厳しい教育
指導がハラスメント問題に発展するケースも珍しくないようです。

　また最近は，人材不足が原因でさまざまな国籍のスタッフが混在して
働く職場も増えており，文化摩擦からハラスメント問題やいじめ問題に

発展するリスクも否定できません。

　このような業界においては，集団研修が難しいケースも珍しくありませんので，個人単位で学べるような機会をつくったり，相談窓口の利用を促進するような取組みを進めたり，躊躇せず匿名で声をあげられるような投書システムを作ったり，ハラスメント予防や職場環境改善に寄与したスタッフを表彰する機会を設けるなど，あまり現場に負担がかからから

 オンライン・ハラスメント

　オンライン・ハラスメントとは，SNS等で相手を攻撃するメッセージを送ったり，不快な写真を送り付けたり，個人情報をネット上で晒したり，勤務時間外に業務とは無関係なメッセージを繰り返し送ったりするような言動をいいます。ソーシャルハラスメント，ソーシャル・メディア・ハラスメント，SNSハラスメント，サイバー・ハラスメントなどと呼ばれることもあります。

　海外では，いじめのターゲットになったティーンエイジャーが自殺に追い込まれる事件などをきっかけに関心を集めるようになりましたが，日本においても，インターネットを使った小中高校生のいじめ件数は増える傾向にあり（※），職場など大人の社会においても，今後も増える可能性があります。

　特に新型コロナ感染症の流行以降，在宅勤務が増えたこともあり，オンラインミーティング時のハラスメントが増えつつあるようです。たとえば，カメラに映る部屋の様子や住宅環境，後ろから聞こえる家族の声や生活音などをきっかけに「そんな狭い部屋に住んでいるんだ」「子どもがうるさいよ。しつけがなっていないね。もっと静かにさせられないの？」「いまどきWifiすら契約していないの？　貧乏くさいね」などの不適切な言動がハラスメント問題に発展するのです。

　また，「家ではすっぴんなんだね。かわいいね」などのようなセクハラ発言のほか，「勤務時間中はずっとカメラをオンにして俺が声をかけたらすぐに返事をしろ」など，管理の延長線上でハラスメントが発生するケースもあるようです。

　このようなハラスメントを防止するためには，相手の事情や気持ちに配慮して言葉を選ぶことが重要なのですが，そもそも行為者は相手の気持ちに配慮できないからこそハラスメント問題になるのですから，人事担当側が下記のような在宅勤務

ないような対策を進めていく必要があるでしょう。

15　レジャー業界

レジャー業界などのようにヒューマン・サービス業務従事者が多い組

状況を踏まえた問題言動をリストアップ・配付して，職場内で共有化を図ることが
必要かもしれません。

【在宅勤務にかかわる問題言動リスト（一例）】
　・部屋の様子や家族のことなど私生活に関する話題に触れる。
　・相手の化粧や服装など業務とは関係のない話をする。
　・ウェブカメラの常時接続を要求する。
　・勤務時間外のアクセスを要求する。
　・プライベートなアカウントを教えるよう，しつこく要求する。
　・オンライン飲み会や不必要なオンラインミーティングの参加を強要する。

（※）文部科学省「児童生徒の問題行動・不登校等生徒指導上の諸課題に関する
　　調査（平成30年）」より

参考文献：
Samuel C. McQuade III, James P. Colt et al.
Cyber Bullying : Protecting Kids and Adults from Online Bullies（*English Edition*）

織のなかには，「顧客満足」「サービス最優先」の名の下に，従業員の権利や保護が二の次になりがちなケースも珍しくないため，ストレスや心身の疲労，プレッシャーなどが原因でハラスメント問題に発展することがあります。

人が集まるところであれば，どんな組織であってもハラスメント問題が発生するリスクはありますが，大手企業のなかには，パワハラ被害を訴えたスタッフの声を無視し続けた結果，裁判になったケースもあるようです。

ハラスメントの予防策に関する情報の共有や，相談室の設置や規程の整備など基本的な対策は必要不可欠ですが，過重労働を防ぎ，心身の疲労を軽減するための組織対策や，雇用条件や職場環境の見直しがハラスメント問題の予防に繋がるのではないかと思われます。

16 教育機関や学校等

教育機関や学校等の現場では，慢性的な過重労働に加え，頻繁に行われる教育指導方針の変更，モンスター・ペアレントへの対応，硬直的な年功序列型組織，再就職や転職の困難さ，閉鎖的な組織風土などの要因が重なり，ハラスメント問題が発生するケースが少なくないようです。なかには校長や副校長が自らハラスメントをする場合もあり，逃げ場を失った教師がメンタルヘルス不調で休職を余儀なくされるケースもあります。

このような組織では，基本的なハラスメント対策に加えて，外部の弁護士や専門家に相談できるような体制を整えたり，異業種交流会等への参加を後押しするなど，組織外のネットワークへのアクセスを容易にするような取組みが予防策に繋がると考えます。

組織風土ごとの特徴と対策

　組織風土や組織文化がハラスメントに与える影響は大きい，とした研究も少なくありません。

　続いて，組織風土ごとのハラスメントの特徴や問題発生要因と予防策の方向性について，考えていきます。

1　儒教文化が濃厚なピラミッド型の組織

　目上の人間を立てる傾向が強いピラミッド型の組織，いわゆる儒教文化の傾向が強い組織の場合，上から下へのコミュニケーションが一方的になりすぎて硬直化してしまうと，自由な意見が言えず，我慢し難いことでも「No」と言えない空気がまん延しやすくなります。要するに，上からの一方的な叱責・指導がハラスメント問題に発展する可能性が高くなってくるのです。

　このような組織では，ハラスメント問題予防対策の一環として，管理職の傾聴スキルを磨く訓練を継続的に実施したり，職場のポジションに関係なく自由に意見を言える場を設けたり，360度評価制度を導入するなどして，コミュニケーションが一方的になりすぎないような対策が必要といえるでしょう。

② 構成員のジェネレーション・ギャップが大きい職場

　ここ数十年の間にアナログ時代からデジタル時代へ急速な変化を遂げた現代の日本においては，従業員同士の世代による意識の差――いわゆるジェネレーション・ギャップを背景とするハラスメント事例の発生リスクは，無視できない課題の1つとなっています。

　時代の変化が速すぎるために，中高齢層が若かった時代に全盛だった技術や知識が一部通用しなくなっていたり，時代に合わない部分が出てきているにもかかわらず，ベテランが若手に従来のやり方をそのまま押し付けてしまうなど，指導の延長線上でハラスメント問題に発展するケースは決して少なくありません。その背景には，対人関係における距離感や常識感覚，言葉に対する感性などの世代間ギャップの問題もあるようです。

　従業員のジェネレーション・ギャップが問題となっている組織では，「昔のやり方が絶対正しい」「古いやり方はダメ」などのように，単なる価値観の違いに優劣の考え方が持ち込まれやすく，パワーを有する者から弱い立場の者へ一方的に価値観が押し付けられ，その延長でハラスメント問題に発展しやすくなります。

　世代によるカルチャーの違いや感覚の違いについて相互理解を促進するような機会や研修の場を設けるとともに，「価値観の違いに優劣はない」という基本的な認識を共有する必要があるでしょう。

　たとえば，カルチュラル・インテリジェンスの視点を活かした異文化適応のノウハウを研修に盛り込むのも一考です。

③ 職人気質の傾向が強い職場

　一般に，専門性が高い職種ほど一人前になるまで長い時間が必要です

が，完璧主義で仕事熱心な職人気質の人のほうが習熟も早い場合が少なくありませんので，そのような性格傾向を持つベテランから経験の浅い人に対する行き過ぎた指導が，ハラスメント問題に発展する場合があります。

　このような性格傾向の人が集まりやすい組織では，専門職としての習熟度やキャリアの長さではなく，マネジメント能力や指導力が高い人を管理職や教育担当のポストに就けることを最優先とする必要があります。そのような人材配置が難しいようであれば，部下や後輩を付ける前にきちんとマネジメント教育を行うことが必要不可欠といえるでしょう。

4　実力主義の傾向が強い職場

　目に見える成果や営業成績などが重視される，いわゆる実力主義の傾向が強い職場では，"縁の下の力持ち"タイプやアピール下手な人が"踏み台"にされたり，成果を出せない人が見下され小ばかにされたり，弱い立場の人に成果が出にくい面倒な仕事が押し付けられるなど，判断に迷うようなグレーゾーンのハラスメントが発生する可能性も否定できません。

　仕事である以上，結果を出すことはもちろん重要ですが，その"結果"に対する評価基準が限られた能力や実績に偏らないよう，多様性を重視した評価に努めることがハラスメント問題の予防に繋がるでしょう。

　また，どれほど能力が高くても，ハラスメント行為をした場合は適切な処分や指導など毅然とした対応に努め，ペナルティを与えることを怠らないようにしましょう。

5　性的役割分業の傾向が強い職場

　「男性は営業や現場を担当し，女性は補助的な管理業務を担当する」

「男性は一定の年数を経て係長職や課長職あるいは部長職に就くのが一般的だが，女性の多くは主任や係長どまりで，ごく限られた女性のみが課長職や部長職に就くことができる」など，性的役割分業の傾向が強い職場では，ジェンダー・ハラスメント問題やセクシュアル・ハラスメント問題が発生しやすい傾向にある印象があります。

　このような職場では，ジェンダー・バイアスに関する啓発や社員教育を定期的に実施するだけでなく，ポジティブ・アクションを積極的に進めることが，セクシュアル・ハラスメント防止に繋がると思われます。

 ## ハラスメント撲滅のために

　ハラスメント問題への関心の広がりとともに，ここ10年ほどの間に専門機関や講師派遣企業が激増しました。従来の業務範囲に加え，新たにハラスメント対策を業務の1つに入れる企業も増えています。

　しかし，個々の言動や組織内の対策には力を入れていても，そもそもハラスメントを生み出す最も大きな要因の1つである，社会構造や政治，法律のあり方に目を向ける専門家は，まだ少ない印象があります。

　たとえば，ハラスメント発生要因の1つに不安定な雇用形態や，弱い立場の者に対する搾取構造があります。「No」と言いにくい立場の派遣社員やパート社員に対するハラスメント問題は後を絶たないどころか，雇用の調整弁として都合よく利用してきたにもかかわらず，新型コロナのような自然災害が発生した途端，契約を打ち切られたり感染リスクが高い業務からの撤退を拒まれたりします。

　このようなハラスメントを防ぐために，組織内でさまざまな対策に取り組むことはもちろん重要ですが，そもそもなぜこれだけ不安定な雇用契約の労働者が増えてしまったのか，"経済のグローバル化"を言い訳にして

6 同調圧力傾向が強い職場

　縁故入社が多く，中途入社が少なく，人事担当者が似たようなタイプの人材を多く採用する傾向があり，お互いに空気を読みながら阿吽の呼吸で意思疎通することも可能である…など，構成員の同質化傾向が強い職場のなかには，同調圧力や異質な者を排除する傾向が強くなり，職場いじめやハラスメント問題に発展する場合もあります。

　このような職場では，ハラスメント研修を継続的に実施するなど基本的な対策を進めつつ，多様性を重視した採用活動や他業種との交流の機

　自分たちに有利な状況を推し進めているのは，いったい誰なのか，一度立ち止まって考えてみる必要があるのではないでしょうか。格差を広げ，弱い立場の人々を追いつめる弱肉強食社会の流れを止めない限り，本当の解決にはならないでしょう。

　また最近は，「ハラスメント対策」を単なるビジネスとして捉え，人権問題に対する関心の低い業者が増えている印象も拭えません。たとえば，実際に発生した事例を関係者の同意なく氏名や社名だけ伏せて利用したり，他人の著書や作成資料等の内容を同意なく自分のアイディアにしてしまったり，時給に計算すると最低賃金以下になるような仕事を下請に依頼するようなケースがありますが，法律云々以前に相手の心情を考え，それぞれの人権を尊重する意識があれば，決してできないことでしょう。

　ハラスメント問題と人権問題は密接に関連しています。自戒を込めて，ハラスメント対策を生業とする者こそ，人権を軽視する行為や搾取の構造に対して敏感になり，強い者が弱い立場の者を追いつめる歪んだ社会のあり方を変えていく不断の努力が求められていると思います。

会を設けるなど，異文化に対する開放性や順応力を高める対策が，ハラスメント防止に一役買うのではないかと考えます。

７　いわゆる"体育会系"の職場

　元アスリートやスポーツ経験者が多数在籍しており，上下関係や礼儀に厳しく，明るく元気のよい性格が好まれる組織風土の会社——いわゆる"体育会系の職場"では，ポジティブでチームワークも良好な反面，精神論や根性論・スパルタ指導などが行き過ぎた結果，ハラスメント問題に発展する可能性もあります。

　このような傾向のある組織では，基本的なハラスメント対策の推進と並行して，「お互いに感謝の心を持って相手を敬い，尊重し合う」という，本当の意味での"礼節"をよく理解し，手本となる上の者からきちんと実践していくことが，ハラスメント防止に繋がるでしょう。

　たとえば，職位が上の者から下の者に対して，自ら進んで挨拶やお礼・お詫びの言葉をかける，職場は"仕事を行う場"という基本的な認識を徹底し，プライバシーや私生活にかかわる話題や勤務時間外の付き合いは控える，同性間であっても身体的な接触は控える，などがあげられます。

第7章

国際学会発表論文
抜粋バージョン

著者が国際学会に発表した論文から抜粋して紹介します。

異質な者を排除する文化における
被害者と加害者（2014年）

1 研究の目的

　職場いじめの被害者か，それとも加害者かどうかの判断は文化や文脈によって曖昧になったり，逆になることもある。

　特に，個性よりも集団の調和を重んじる傾向の強い日本のような文化圏では，たとえ正当な行為であっても調和を乱す場合は問題行為とされ，本当は被害者であるにもかかわらず，「集団の和を乱す加害者」のレッテルを貼られる場合すらある。比較的アグレッシブな性格の被害者の場合は，本来の加害者よりアグレッシブに振る舞う傾向がある[※1]という研究もあるが，加害者の言動に怒った被害者がアグレッシブに振る舞ったために，一見どちらが被害者か判断が難しくなるケースもある。

　また，それほどアグレッシブなケースでなくても，その組織の文脈によっては被害者の不適応感が強くなったところに[※2]，信頼関係の欠如によって被害者の孤独感が促進され[※3]，結果的に集団からの離脱や排除に繋がる可能性は十分にあるだろう。

　この研究の目的は，異質な者を排除する傾向が強い文化圏における，いじめの問題について，「性格傾向」を1つの切り口に，診断テストと具体的なケースの両面から見ていくことである。

2　研究の方法

　個性と能力を活かして日本で働く日本人の専門職従事者15人を対象に，自己回答方式の性格傾向調査および職場いじめ体験調査を行い，各ケースの共通点や相違点を見たいと思う。

　また，自分の意見を主張したり，不正に対して「NO」と言ったことをきっかけに「加害者」「問題社員」のレッテルを貼られた人たちに対して面接を行い，同調圧力がいかに「加害者」をつくりあげていくか，その過程を具体的に見ていきたいと思う。

3　質問項目

　問題社員研究を基に，独自に開発した性格傾向診断テストを利用。質問項目は，性格傾向基本尺度8種に加えて，性格傾向促進尺度，性格傾向抑制尺度，性格傾向コントロール尺度の，計11種160問。さらに今回，これらの質問項目に「ハラスメント経験の有無」「同調圧力を受けた経験の有無」等に関する質問計7問を追加している。

　その結果，「熱血型」「繊細型」「きっちり型」「慎重型」「自己表現型」「自信型」「弱気型」「反骨精神型」の8つのタイプに分類することができた。

4 結果

Q：職場でいじめの被害に遭ったり，同調圧力を感じた経験があるか

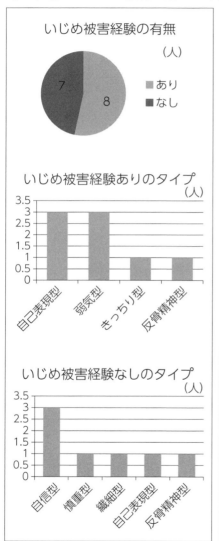

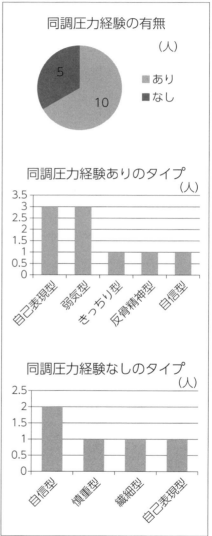

人前。民間企業の経験なんて何の役にも立たない」と，頭ごなしに否定されてしまった。

　これまで何度も，キャリアや能力を否定する言葉を浴びせられてきたBさんは，思いあまって，「民間企業にサービスを提供するにあたって，顧客のニーズや考え方を知るために私が採用されたのではないでしょうか？」と言ったところ，翌日からさまざまな嫌がらせが始まった。一度許可していた年次有給休暇の取得を一方的に却下したり，Bさんが担当するクライエントに悪口を吹き込んだりするなど，嫌がらせは悪化していった。Bさんに対して好意的だった職員たちも巻き込まれることを恐れて，だんだんBさんを避けるようになっていった。

　それでも，仕事を途中で投げ出すことだけは避けたかったBさんは，周囲の嫌がらせにめげることなく黙々と仕事を続けていた。ところが，あるとき同僚の1人から，当の上司がBさんのことを「上から目線で，仲間を傷つけても平気でいられるパーソナリティ障害者」とレッテルを貼って，経営層や部下たちに悪口を言っていることを知った。カウンセラーの業界で，同業者を「パーソナリティ障害者」呼ばわりすることは，どうしても理解できなかったBさんは，やっと辞める決心がついたのだった。

　彼らのコンプレックスが原因だったことを早くから理解していたBさんは，落ち込むことなく，すぐに次の職場を見つけた。しかし，当時の不愉快な気持ちを思いだすのが嫌で，その後数年間，元の職場の最寄り駅に行くことはなかった。

【まとめ】

　日本では昔から，同じ制服，同じ髪型，同じ行動が求められる傾向があり，「出る杭は打たれる」という言葉どおり，人と異なった意見や行動は歓迎されないことが多い。

　しかし，そのような社会や組織はもはや"集団の調和"ではなく，"集団の均一性"を重視しているだけともいえるだろう。「社会の調和に高い価値をおく人の間では"多様性の無視（pluralistic ignorance）"はあ

まり起こらない」(※4)という研究もあるが，本来，集団の調和と多様性は両立するものであると筆者は考える。

　実際，酒造家たちの多様性が集団内の斉一性圧力を高めず，革新的な行動を促したという研究(※5)もあり，日本においても集団の調和と多様性が両立した成功例は少なくないと思われる。

　今回の調査対象者は15人と少数であり，今後は調査票のさらなる改良とより大規模な調査が必要不可欠であるが，同調圧力や均一性を求めがちな組織風土におけるいじめの問題について考えるうえで，１つのヒントになると思う。

　同調圧力が強い集団においては，人と異なる意見や個性を持つ者が叩かれる過程で，本来は被害者側であるはずの人間が，加害者として扱われる場合がある。今回の調査では，同調圧力や職場いじめの経験がある者のうち，「自己表現型」の割合が少なくなかったが，このような性格傾向が同調圧力の強い組織において「集団の和を乱す問題社員」扱いされたり，いじめ問題に巻き込まれる可能性は否定できないと思われた。彼らは結局，その職場を退職してしまったのであるが，もしこのような個性を十二分に認め，活かす風土があれば，組織にとっても大きなプラスになっていたのではないだろうか。

　ハラスメント対策に携わる実務家は，本来の被害者はだれであるのかきちんと見極めてから問題解決にあたるとともに，教育研修や採用の見直しなど多様性を認める風土づくりに取り組み，人と異なる視点や意見を持つ者が孤立したり，いじめを受けないような組織づくりのサポートをする必要があるだろう。

【引用文献】

（※１）Céleste M. Brotheridge, Raymond T. Lee, Jacqueline L. Power, (2012) "Am I my own worst enemy?：The experiences of bullying targets who are also aggressors", Career Development International, Vol. 17 Iss：4, pp.358-374

（※２）Helena D. Cooper-Thomas, Sarah Wright. (2013) "Person-environment

吹き込み，先制攻撃を仕掛ける。
・被害者に"加害者"のレッテルを貼るためなら，それまで嫌っていた相手でも味方につけようとしたり，同情を買おうとする。
・被害者の弱みを徹底的に突き，ダメージを与え，被害者の動きを制する。
・弁護士や医師，行政など権威者を味方につけようと画策する。
・話をすりかえたり，つくり替えたり，都合の悪い話は平気で無視をする。
・「詐欺師」「ハラスメント加害者」として訴えられる，あるいは非難されるなど，過去にもあちこちでトラブルになっている。
・過去に何度も"被害"を訴えた経歴がある。

　本当の被害者との違いは，"被害"経験をだれかれかまわず吹き込むこと，"加害者"を徹底的に攻撃すること，平気で嘘をつくこと，加害者を思い出すような状況でも平然としていられること，などの点があげられる。

　一方，本当の被害者が受けるダメージとして，次のようなものがあげられる。
・強い自責感を抱く
・孤立無援になる
・酷く混乱する
・心身が衰弱する
・鬱状態になる
・自分を加害者だと思ってしまう

　被害者が「自分こそ被害者だ」とはっきり自覚して，自己防衛のために動き出すまで，早い人で6か月，長い人で数年以上かかる場合も多い。サイコパスが被害者を演じ，関係者を騙してしまうため，被害者すら自分自身を「自分に問題があるからではないか」と思う状況に追い込まれてしまうからである。

　サイコパス加害者の被害をくいとめ，被害者のダメージを最小限にするためには，「彼（彼女）こそ加害者である」という客観的事実を，1

日でも早く関係者の間で共有するとともに，1人でも多くの人が彼らの行動パターンを見破って，被害者を援護する側にまわることが重要なのである。

（※1）Thomas A. Widiger, "Psychopathy and DSM-IV Psychopathology", Handbook of Psychopathy.

（※2）Robert D. Hare and Craig S. Neumann, "The PCL-R Assessment of Psychopathy：Development, Structural Properties, and New Directions", Handbook of Psychopathy.

（※3）Robert D. Hare and Craig S. Neumann, "The PCL-R Assessment of Psychopathy：Development, Structural Properties, and New Directions", Handbook of Psychopathy.

日本の文化の特徴を踏まえた 被害者対応の例（2017年）

1 日本の傾向

　日本——特に東京は満員電車の過酷さで有名だが，そこでは見知らぬ人間に対する"人を人とも思わない"行為が日常的に行われている。

　たとえ優先席であろうと，体力のある健常者が席を譲らないのはごく当たり前に見られる光景で，目の前に高齢者や身障者・妊婦が立っていても寝たふりをして平気でやり過ごす。混雑した駅で，身体の大きい男性が自分の進路上にいた小柄な女性を突き飛ばす行為も，ごく普通に目にする光景である。

　しかし，そばに友人や知人がいる場合，彼らの態度は豹変し，親切で人間味のある人物に早変わりする。自分が所属する共同体と同じ共同体に所属する人——いわば"ウチ"の人がいる場合と，"ソト"の人しかいない場合とでは，態度が一変するのである。彼らにとって，「自分の住む世界の枠内にいる人にどう思われるか？」が優先課題であって，「1人の人間として，どうありたいか？」は二の次になってしまうのであろう。その行動の背景には，「"ソト"の人に親切にしていても自分にメリットはない」という意識も見え隠れする。

　このような傾向はアジアの他の国，たとえばシンガポールなどではあまり目にすることはないと思う。満員電車でなくても，相手が高齢者や身障者でなくても，周囲に自分の友人知人がいなくても，子どもや女

性・年長者に対してさっと席を譲ることが多いからである。(※1)

　上記のような"ウチとソトで態度を使い分ける"日本人の傾向は，職場いじめにおいて特に色濃く反映されているのではないかと考えている。つまり，異質な者を"ソト"の人間と見なして存在を無視したり，"異質"というレッテルを貼り，気に入らない者を排除するような行動である。

　たとえば，日本に昔から存在したいじめを表す言葉として「村八分」がある。これは，コミュニティの秩序を乱す者や"異質な者"に対して，制裁として関係を切ったり，仲間外れにしたり，当該コミュニティから追い出すことを意味している。四方を海で囲まれ，山が多く，東北や山間部を中心に雪国が多い日本では，それぞれの地域の文化や方言が独自に発達してきた歴史がある。所属する共同体から追い出され，新しい土地に移ることは，現代でいえば生活の糧を失い，無一文のまま"ソトの人間"として扱われ，外国に放り出されることを意味していた。そうであるからこそ，いじめとして「村八分」は意味があり，ターゲットに与える影響も大きかったのである。

　共同体の影響力が弱まった現代では，新しい土地に移ることはそれほど大きな出来事ではなくなった代わりに，職場が共同体と同じような意味を持つようになった。新卒一括採用が一般的で，転職するたびに労働条件が下落していく傾向があり，転職回数が多い応募者を避ける採用担当者が少なくない日本では，西欧諸国と比べ転職者の割合が少ない傾向にあるため同質的になりやすく，新しい"共同体"になじむことが求められる転職は大きなエネルギーを必要とする。

　このような文化の国では，共同体のなかで浮くことがない，いわば"人並みでいる"ことができる人であれば，職場という共同体の"ウチ"の人間として扱われ，居場所を確保することができるだろう。一方，共同体において一度"ソト"の人間であると見なされてしまうと，満員電車の例のように，"人を人とも思わない"扱いを受ける可能性が出てくるのではないか。

　その典型例の1つが，転職してきた中途採用者や，企業合併によって

新たに加わった組織風土の違うメンバーに対して"ソト"の人間扱いをして，排除しようとする職場いじめの例である。同じスキルや経験を持たない新参者に対して，「最低限の能力すらない社員」というレッテルを貼り，排除しようとするのである。

その背後には，加害者自身の中途採用者に対するねたみ・ひがみや，仕事のストレスやプレッシャーなど個人的な問題が隠れているケースも少なくないが，異質な構成員に対して"ソト"の人間扱いをして排除しようとする，日本人特有の心性が与える影響も少なくないと考えている。

また逆に，もともと同じ組織文化を共有する同質性が高い人間同士であっても，加害者がターゲットを追いつめるために，あえて「協調性がない」「トラブルメーカー」というレッテルを貼る例も少なくない。"ウチの人間"が集まる共同体の安定を保つために，「和」が重視されるからこそ，あえて"和を乱す者"というレッテルを貼り，"共同体"から追い出そうとするのである。なかには，ターゲットの"異質性"をことさら強調し，「追い出されて当然（"ソト"の人間が無視をされるのは当然）」という空気を作り出そうとする加害者もいる。実際，このような加害者に加担したり，"ソト"の人間扱いされたターゲットに対して無関心を貫くbystanderの存在も無視できない。

上記のような例の場合，ターゲットは，職場における自分の居場所や経済的な問題に対して不安を抱くとともに，「社会人として不適格なのではないか」「自分の性格ではどこの職場に行ってもうまくいかないのではないか」など，自分の人間性や能力など深い部分で傷つき，絶望感を抱くようになったり，「共同体から排除された」というネガティブな経験がきっかけで，世の中の職場全般に対して不信感の塊に陥ってしまうケースも少なくない。そのため，休職しても復帰が遅くなったり，回復しないまま退職して転職活動もままならなくなる例も少なくないのである。

上記で述べたような日本の傾向はまた，"ソトの人間として排除されないために"組織が求めるまま自ら進んで行う過重労働や，加害者が"ソトの人間として排除するために"ターゲットに課す不当な過重労働

の要因にもなりうる。その行きつく先は，うつ病の発症や職場いじめを原因とした過労自殺であろう。

② 被害者対応の例

　被害者対応においては，何よりもまず，被害者が受けたダメージの早期回復と職場環境改善が最優先課題になる。以下に，Client-Centered Therapy，ACT（Acceptance and Commitment Therapy），Transpersonal Psychologyなどの視点を取り入れた，筆者の一般的な被害者面談の流れ[※2]と留意点について述べたいと思うが，ここでは特に日本の"ウチとソト"の観点から，職場において「村八分」にあった被害者のケースを念頭において述べたいと思う。

【面談の流れ】
　①被害者の訴えを受け止め，組織と連携する。
　　・被害者の訴えを傾聴し，傷つきや怒りの感情を受け止め，主訴や状況を確認する。
　　・被害者の同意を得たうえで，専門医や人事部門など関係者と連携する。
　②回復のサポートを行う。
　　・被害者の話をじっくり傾聴しながら，怒りや傷つき・失望ほか感情の整理を行う。
　　・ケースに応じてThought Field Therapyなどを取り入れ，鍼のツボのタッピングを行い，不安症状やトラウマ症状の軽減を図る。
　　・現在の職場で働く意味や目的について再考してもらい，今後の方向性について被害者と話し合う。
　　・本人の同意を得た範囲で，被害者の意向や必要な情報を人事部門に報告し，今後の対応法や被害者への接し方，再発防止策などについてアドバイスを行う。

③職場復帰支援を行う。
- 行為者への怒りや職場復帰に対する不安を抱くのは当然であることを伝え，自分を責めたり感情を抑え込むのではなく，そのような感情を自分で受け止めたうえで，捕らわれずにコントロールするための方法として，Defusion（感情や物事に名前を付けてもらい距離が取れるよう促す）やExpansion（心のスペースをつくり，脇におくことができるよう促す）等のワークを取り入れたり，無理なく続けられるようなリラクゼーション法を実践してもらう。
- もしも，再び"ソト"の人間扱いされた場合の対応法についてのコミュニケーション法や感情のコントロール法なども含めて話し合い，アドバイスを行う。
- 人事部門と連携し，被害者の負担が最小限になるような環境調整法についてアドバイスを行い，部署異動も選択肢の1つとして受入れ体制を整えてもらう。

④フォローアップを行う。
- 復帰当初は毎週もしくは2週間に1度のペースでフォローアップ・カウンセリングを行う。本人から要望があれば人事部門に伝え，必要なサポートを行う。
- 実施時期や方法について被害者の意向を確認したうえで，全社員を対象とした問題予防のための研修を行う。

【留意点】

- 被害者面談では特に，「同質か異質かという問題は相対的なものである」という点を理解してもらえるよう，守秘義務の範囲で他社のケースを紹介するなど"ウチとソト"の相対化に焦点を当てて面談を進めるようにすると，自尊心の回復につながるケースが多い。
- 同質か異質かどうかが問題の本質ではなく，行為者側の問題であると伝えたり，神社や仏閣・霊石・水場や山など霊場といわれる場所に足を運んでもらい，自然との繋がりを感じ，人間の存在の

小ささを実感できるような経験をしてもらうことも，被害者が
"ウチとソト"について相対的／俯瞰的な視点で考えられる機会
となり，回復のきっかけになる可能性がある。
・家族や友人，勉強会の仲間など"ウチ側の人間でいられる"時間
を増やすよう促すことも，安心感と自尊心の回復に繋がる可能性
がある。
・呼吸法や瞑想などMindfulnessを日々の生活のなかで実践しても
らうことも有効である。
・カウンセラーは自分が"ソト"の人間か，それとも"ウチ"の人
間か，被害者側から見た自分の立ち位置を踏まえたうえで被害者
とかかわるとよいと考える。たとえば，カウンセラーが"ソト"
の人間である場合，被害者は「内部カウンセラーにまで"異質な
人間"扱いをされたらどうしよう」という不安を抱かずにすむう
え，「同質か異質か，という問題は相対的なものである」という
カウンセラーの説明にも説得力が出る。カウンセラーは"共同
体"における自分の立ち位置を十分に理解し，カウンセリング過
程に活かしていくことが重要である。

3 まとめ

　筆者がこれまで行ったカウンセリング経験を通して得た印象である
が，先進諸国に共通する最近の職場いじめ問題の発生要因の1つとし
て，世代間のジェネレーション・ギャップやコミュニケーション方法の
変化，労働環境の変化などがあげられると思う。
　日本の場合は，これらの要因に"ウチとソト"の問題も重なり，若い
世代が自分にとっては"ソト"の世代である年上の上司からの叱責を，
叱責と理解できず過剰に反応して"ハラスメント問題"に発展したり，
職場内のSNSグループ等において暗黙ルールに従わない者を村八分にす
るようなケースが発生している。

さらに，もう１つ，日本の職場いじめ問題の特徴づける要因の１つとして，いまだに根強く残る男女平等意識の希薄さの問題をあげておきたい。世界のジェンダー・ギャップ・ランキングにおいて153位中121位の日本[※3]では，「女性は若いほど価値がある」「○歳を過ぎた女性は"女"として価値がない」などのような偏見が蔓延している。男性が混雑した駅で関心対象外の女性を突き飛ばしたりするのも，この延長線上にあるといえるかもしれない。このような社会では，一定年齢以上の女性が体よく解雇されるケースも後を絶たない。

　特に，女性の平均年収は男性の７割程度といわれる日本で「親の老後は女性が看るもの」という価値観が強く残っているため，中高齢の女性は二重三重に追いつめられることになる。そのため女性のなかには，親の介護問題など将来に対する大きな不安を抱いたことをきっかけに，うつ病や統合失調症等の病気を発症／再発し，「介護で休むようになったら職場から追い出されるのではないか」などのような不安が高じて，職場いじめの被害妄想を抱くに至る例も稀有ではない[※4]。

　以上，内外のカウンセリング経験を通して得た視点から，日本の職場いじめの特徴を踏まえた対応例について述べてきた。筆者は現在，国内とシンガポールにおいて業務に携わっているが，国という枠から出て言葉や文化がまったく異なる国でカウンセリング経験をすることは，自国の文化を俯瞰的な視点で捉え，その国の職場いじめの特徴を捉え直すきっかけになり，被害者や加害者をより深く理解することにも繋がると思う。

　職場いじめの問題解決，特に被害者に対するよりよいサポートのため，これからも積極的に"ソト"に出て視野を広げていきたいと考えている。

（※１）いじめの事例についても，シンガポールの場合は多民族国家ということもあり，日本のような"異質な"者を集団で排除するタイプのケースは，少ない傾向にあると思われる。

（※２）筆者は企業と契約する外部EAPカウンセラーという立場から支援を

行っており，面談回数はケースによって異なる。なお，ここでは職場復帰ケースを念頭に記載している。

（※3）https://www.weforum.org/reports/gender-gap-2020-report-100-years-pay-equality

（※4）このようなケースの場合，本人の訴えは訴えとして真摯に耳を傾けつつ，専門医との連携に加えて，人事や上司と連携しながら本人の雇用不安軽減と介護問題の軽減化が最優先課題になる。

第 8 章

資料編

パワー・ハラスメント行為者傾向　チェックテスト

●当てはまる項目にチェックを入れ，１つ１点として合計点を出してみましょう。

□ハラスメントの被害を受ける人は，その人自身に問題があると思う。

□自分より知識や経験がない人から意見を言われると，カチンとくるほうだ。

□要領の悪い人を見ているだけで，イライラすることがある。

□仕事においては何より，目に見える結果を出すことが重要だと思う。

□親しい人に対して「お前」と呼んだり，名前を呼び捨てにすることがある。

□カーッとなると，わけがわからなくなることがある。

□勝ち負けにはこだわる性格で，たとえゲームでも負けるのは不快である。

□自分は完璧主義なほうだと思う。

□過重労働気味で，いつも仕事に追われている。

□自分はハラスメント問題とは無縁だと思う。

□イライラしているとき，八つ当たりをしてしまうことがある。

□パワハラ問題は，心が弱い人が言い出した問題だと思う。

□仕事で結果を出せない人は，努力が足りないだけだと思う。

□人の長所を誉めたり，認めたりするのは苦手なほうである。

□与えられた課題を完遂できない人は，職場を去るべきだと思う。

□頭の回転が悪い人とは，あまり真剣に話をしたくないと思う。

□能力不足で仕事ができない人には，仕事を与えないほうがいいと思う。

□学校やスポーツなどの現場で体罰をする指導者の気持ちは理解できる。

（作成：涌井美和子）

※チェックが多くつくほど，悪条件（職場環境や人間関係等）が重なったときに不用意な言動がハラスメント問題に発展する可能性が高くなりますので，注意しましょう。

メンタルヘルス不調のサイン

●次のような様子の変化が見られたら，ハラスメント問題が背後に隠れている可能性もありますので，早めに声をかけるようにしましょう。

□元気がなくなった

□顔色が悪くなった

□急に仕事の能率が落ちた

□ミスが増えた

□不自然な欠勤や遅刻が目立つようになった

□特定の人や場所を避けるようになった

□食欲が落ち，痩せてきた

□身体の不調を訴えるようになった

□おどおどしたり，びくびくするようになった

□精神的に不安定になった

□急に感情を爆発させるようになった

□仕事のモチベーションが落ちた

□トラブルやケガが増えた

□不自然な離席が増えた

□他人の言動を気にするようになった

（作成：涌井美和子）

ハラスメント相談票

年　　月　　日

名　前	（　　　　歳　）
所　属	
連絡先	携帯／Ｅメール等（　　　　　　　　　　　　　　　　　　　　　　　　　　　）
	希望の時間帯（　　　　　　　　）留意点等（　　　　　　　　　　　　　　　）
経　緯	日時　（　　　　　　　　　　　　　　　　　　　　　　　　　　　　　　　）
	場所　（　　　　　　　　　　　　　）目撃者　あり（　　　　　　　）・なし
	行為者（　　　　　　　　　　　　　）他の被害者　あり（　　　　　　）・なし
	本人との関係（　　　　　　　　　　　　　　　　　　　　　　　　　　　　　）
相談歴の 有　無	あり（誰に：　　　　　　　　　　　　　　　　） なし
心身の 状　態	□睡眠の乱れ　　　　　□食欲の低下　　　　　□思考力や集中力の低下 □落ち込みやイライラ　□動悸や冷や汗　　　□頭痛やめまい □抑うつ症状　　　　　□自責感　　　　　　□自殺願望 □その他
本人の 希　望	□話を聴くだけでよい　　　　□異動したい・異動させてほしい □報告だけでよい（誰に：　　　　　　何を：　　　　　　　　　　） □注意してほしい　　　　　　□謝罪してほしい □言動を改めてほしい　　　　□処分をしてほしい □その他（　　　　　　　　　　　　　　　　　　　　　　　　　）
守秘義務の 範　囲	誰に（　　　　　　　　　　　　　　　　　　　　　　　　　　　　　　　　） いつ（　　　　　　　　　　　　　　　　　　　　　　　　　　　　　　　　） 何を（　　　　　　　　　　　　　　　　　　　　　　　　　　　　　　　　）
会社記入欄	

（作成：涌井美和子）

な研修を行うものとする。

2. すべての従業員は，職場のハラスメントに関する相談や苦情を，相談窓口担当者もしくは社外相談窓口の相談員に申し出ることができる。なお，相談および苦情の内容について相談者のプライバシーは完全に保護される。

3. 相談窓口担当者は，相談者の同意を得たうえで，コンプライアンス室長に対して報告を行う。コンプライアンス室長は，報告内容に基づき，必要に応じて関係者に対して事実確認を行うものとする。

4. 前項の事実確認を求められた従業員は，正当な理由なくこれを拒むことはできない。

5. 法人は，相談をしたこと，または事実関係の確認に協力したこと等を理由とした不利益な取扱いは行わない。

6. 法人は，問題解決のため行為者の人事異動や処分，被害者の労働条件および就業環境を改善するため，必要な措置を講じるものとする。

（防止策）
第6条 法人は，職場のハラスメント問題防止のため，研修の実施および再発防止策などを継続的に講じるものとする。

2. 管理監督者は，ハラスメント行為が起きないよう，部下の指導と啓発に努めなければならない。

（附則）
第7条 この規程は　　年　　月　　日より実施する。

（作成：涌井美和子）

ハラスメント防止規程

参考文献

・小笠原六川国際法律事務所編『判例から読み解く職場のハラスメント実務
　　対応Q&A』2016.

・クリストファー・J・パトリック編『サイコパシー・ハンドブック』2015.

・ノア・ダベンポートほか著『職場いびり―アメリカの現場から―』2002.

・マリー・イルゴイエンヌ著『モラル・ハラスメントが人も会社もダメにす
　　る』2003.

・水谷英夫著『職場のいじめ　―「パワハラ」と法』2006.

・宮地尚子著『トラウマ』2013.

・吉川英一郎編『判例で理解する職場・学校のセクハラ・パワハラ』2016.

・涌井美和子著『職場のいじめとパワハラ防止のヒント』2007.

・American Psychiatric Association. *Diagnostic and Statistical Manual of Mental Disorders : Dsm-5*. 2013.

・Anna Tickle et al. *Exploring Bullying with Adults with Autism and Asperger Syndrome : A Photocopiable Workbook*. 2010.

・Charlotte Rayner, et al. *Workplace Bullying*. 2002.

・David L. Weiner. *Power Freaks*. 2002.

・Evelyn M. Field. *Bully Blocking at Work : A Self-Help Guide for Employees and Managers*. 2010.

・Evelyn M. Field. *Strategies for Surviving Bullying at Work*. 2011.

・Gary Namie, PhD & Ruth Namie, PhD. *The Bully at Work : What You Can Do to Stop the Hurt and Reclaim Your Dignity on the Job*. 2000.

・Glenn R.Schiraldi,Ph. D. *The Post-Traumatic Stress Disorder Sourcebook*. 2000.

・Heinz Leymann. *Mobbing*. 1993.

・Herschel Prins. *Psychopaths : An Introduction (Introductory Series)*. 2013.

・Laura Crawsaw. *Taming the abrasive manager*. 2007.

・Marc McElhaney, Ph.D. *Aggression in the Workplace*. 2004.

・Margaret R. Kohut. *The Complete Guide to Understanding, Controlling,*

· Quine, Lyn. "Workplace bullying in nurses." *Journal of Health Psychology*, vol 6 (1) : 73 – 84, Jan 2001.

· Salin, Denise. "Prevalence and forms of bullying among business Professionals : A comparison of two different strategies for measuring bullying." *European Journal of Work and Organizational Psychology*, vol 10 (4) : 425 – 441, Dec 2001.

· Smith, Peter K,Singer, Monika, Hoel, Helge, Cooper, Cary L. "Victimization in the school and the workplace : Are there any links?" *British Journal of Psychology*, vol 94 (2) : 175 – 188, May 2003.

· Stein, Samuel M, Hoosen, Imthiaz, Brooks, Emily, Haigh, Rex, Christie, Deborah. "Staff under pressure : Bullying within NHS therapeutic communities." *Therapeutic Communitities : International Journal for Therapeutic and Supportive Organizations*, vol 23 (3) : 149 – 158, Fal 2002.

· Varhama, Lasse M, Bjorkqvist, Kaj. "Conflicts,workplace bullying and burnout problems among municipal employees." *Psychological Reports*, vol 94 (3,Pt2) : 1116 – 1124, Jun 2004.

· Vartia, Maarit A-L. "Consequences of workplace bullying with respect to the well-being of its targets and the observers of bullying." *Scandinavian Journal of Work, Environment & Health*, vol 27 (1) : 63 – 69, Feb 2001.

· Vogel, Stacy W. "The relationship between bullying and emotional intelligence." *Dissertation Abstracts International Section A : Humanities and Social Sciences*, vol 66 (12 – A) : pp.4311, 2006.

· Zapf, Dieter, Gross, Claudia. "Conflict escalation and coping with workplace bullying : A replication and extension." *European Journal of Work and Organizational Psychology*, vol 10 (4) : 497 – 522, Dec 2001.

■ おわりに

　2020年2月，本著をほぼ全部書き終えたころ，新型コロナウイルス感染症のニュースがメディアで頻繁に報道されるようになりました。しかし，海外のメディアやTwitterなどで流れる情報と，日本のメディアなどで報道される情報の温度差が大きく，まるで2011年3月の再来のようでした。

　東日本大震災発生時に「騒ぎすぎ」「不安を煽るな」とデマ扱いされたコンビナートの爆発や，原子力発電所の爆発やメルトダウン，ホットスポットの存在，避難所でのレイプ事件多発などの情報は，後に真実であったことが明らかになっていますが，今回も諸外国のメディアによる報道を根拠にした「インフルエンザより危険」「命にかかわるのは高齢者だけではない」などのような情報は，当初デマ扱いされ，「騒ぎすぎ」「不安を煽るな」という論調でした。

　このような例が繰り返されるたびに，日本人は見るべき真実から目を背け，事実を突きつける者を叩く傾向が強いのではないか，と思えてなりません。しかし，その陰には，"見るべき事実"から目を背けている間に犠牲になってしまう人たち——被害に遭う人，苦しむ人，病魔に倒れる人——がいるのです。次の犠牲者が私たちや家族ではないと，誰が言い切れるのでしょうか。

　国を揺るがすような大きな社会問題であるにもかかわらず，人々の目をそらして得をするのはいったいだれなのでしょう。東日本大震災のときも，今回の新型コロナの際も，真実を流した人たちが叩かれた大きな理由の1つに，メディアによる安全キャンペーンがありました。「メルトダウンなどあり得ない」「コロナよりインフルエンザの死者のほうが多い」「心配しすぎるほうがメンタルヘルスに悪い」などの安心・安全

キャンペーンが新聞やテレビを通じて展開されていたので，多くの人はその情報を信じてしまったのです。

　真実を訴える人の口を封じて得するのはいったい誰でしょうか。それこそがピラミッドの最上位にいるハラスメント行為者（あるいはハラスメント組織）ではないかと著者は考えています。そのような，いわば"本丸"の存在に気づかず，あるいは気づく機会を与えられず，身近な一個人に目を向けてしまう日本人は意外と多いのではないのか，と思うのです。

　本当の意味で社会からハラスメントをなくしていくためには，社内規程を作成したり相談窓口を用意したりポスターを貼ったり……などのような組織単位の地道な対策はもちろん大事ですが，同時に私たち1人ひとりが社会の最上位にいるハラスメント行為者の存在に気づき，その行為に対してはっきり「No」と言うこと，一個人や一組織だけをハラスメント行為者と決めつけ，人身御供にして終わりにしないことが大切であると思うのです。

　そして何より，多くの被害者を生み出さないためにも，臭いものに蓋をしたり，見たくないものから目を背けることなく，ピラミッドの最上位にいる者からのハラスメント行為に加担しないことが，最も重要であると考えるのです。

著者略歴

涌井 美和子
_{わく い みわこ}

　臨床心理士，社会保険労務士，産業カウンセラー。

　専門は，産業カウンセリング，ハラスメント対策，メンタルヘルス対策等。

　青山学院大学卒業。メーカー，社会保険労務士事務所勤務を経て，東京国際大学大学院修士課程修了（臨床心理士資格指定大学院）。公的機関，オフィスプリズムのカウンセラー，人事コンサルタント，セミナー講師，執筆等を行う。

　著書に『金融機関のメンタルヘルス』（金融財政事情研究会）『モンスター社員が会社を壊す？』（日本法令）『困っている社員を助ける』（共著，経営書院），『企業のメンタルヘルス・マネジメントとEPAの導入・活用策』（日本法令），『企業のメンタルヘルス対策と労務管理』（日本法令），『社員を大事にする会社のメンタルヘルス』（共著，大成出版社）。

　連絡先　オフィス　プリズム　URL:http://office-prism.com

改訂3版
職場のいじめとパワハラ防止のヒント

2007年 7 月25日　第 1 版第 1 刷発行	定価はカバーに表示してあります。
2007年 9 月26日　第 1 版第 2 刷発行	
2008年 8 月29日　第 1 版第 3 刷発行	
2009年12月16日　第 2 版第 1 刷発行	
2010年11月19日　第 2 版第 2 刷発行	
2020年 8 月29日　第 3 版第 1 刷発行	

　　　　　　　　　　　　著　者　　涌　井　美和子
　　　　　　　　　　　　発行者　　平　　盛　之

発行所　㈱産労総合研究所
　　　出版部　経 営 書 院

〒100-0014
東京都千代田区永田町 1 − 11− 1 三宅坂ビル
電話 03(5860)9799　　振替 00180− 0 − 11361

落丁・乱丁はお取替えいたします。　　　　印刷・製本　中和印刷株式会社

ISBN 978-4-86326-298-0